Reinhold Messner

Die Grenzen der Seele wirst du nicht finden

Herder/Spektrum
Band 4503

Das Buch

„Reinhold Messner Superstar" – sein Bekanntheitsgrad in der Mediengesellschaft ist ungebrochen. Er verkörpert für viele so etwas wie den Typus des Mannes im 20. Jahrhundert: Reinhold Messner will alles, hat viel erreicht und ist trotzdem – immer wieder – auch an die Grenzen seiner Kräfte gestoßen. „Abenteurer und Schriftsteller", so nannte er sich selbst. Die Faszination der „Erlebniswelt Berg" ist seit langen Jahren mit seinem Namen verbunden. Er hat alle vierzehn Achttausender bestiegen, große Eiswüsten und Sandwüsten der Erde durchquert. Er ist an die Grenzen menschlicher Möglichkeit gelangt – und hat sie weiter gesteckt. Immer haben ihn dabei nicht nur die äußeren Schwierigkeiten interessiert, sondern auch die psychische Dimension seiner Unternehmungen. Nach solchen Grenzerfahrungen fragt ihn sein Gesprächspartner Michael Albus, den die seelische Seite, der „menschliche" Aspekt an diesem unruhigen Aktivisten interessiert. Der bewußte Verzicht auf technische Hilfsmittel, Gipfelbesteigungen ohne Sauerstoffmaske und ohne Begleitung, die Herausforderung, trotz größter Schwierigkeiten nicht aufzugeben, der Tod des eigenen Bruders – das alles sind existentielle Erfahrungen eines Mannes, der in diesem Buch nicht nur von Gipfelerlebnissen, sondern auch von Verzweiflung erzählt, von der Ehrfurcht vor den Naturgewalten, aber auch den Grenzen der Technik und des Fortschritts und der nach dem Sinn des Ganzen fragt. Der Titel des Buches erinnert an Heraklit, der ca. 500 v. Chr. gelebt hat, und verweist darauf, daß es um Urmenschliches geht: um die spannungsvolle Situation des Menschen am Ende unseres Jahrtausends mit seinen Katastrophen und Problemen, aber auch um die alten spannenden Fragen nach Liebe und Tod, nach Glück, Schmerz und Belastungen: Das faszinierende Porträt eines Grenzgängers, der gerade an der Grenze viel von den Möglichkeiten des Menschen anschaulich gemacht hat.

Autor / Herausgeber

Reinhold Messner, geb. 1944 in Brixen, durch zahlreiche Extremtouren weltweit bekannt, vielfacher Buchautor, Filmemacher (u. a. auch mit Werner Herzog). Engagiert im Umweltschutz. Mit dem ZDF ist ab 1996 eine Filmreihe über „Heilige Berge" geplant. Lebt in Südtirol.

Michael Albus, geb. 1942 in Bühl/Baden, ZDF-Journalist in Mainz, Theologe, Publizist, ist mit Reinhold Messner gut bekannt, hat sich auch schon filmisch mit ihm auseinandergesetzt und mit ihm weitere Filmprojekte geplant. Bei Herder/Spektrum Herausgeber der Gesprächsbände mit Drewermann und Biser bzw. Schorlemmer.

Vorwort

Im Zeitalter der Medien sind Menschen, die durch ihre Gedanken, Worte und Werke „Gegenstand" der Berichterstattung geworden sind, schnell eingeordnet.

Reinhold Messner, zum Beispiel, ist der „harte Mann", der sich selbst und die Natur herausfordert, der „rangeht", der „einsame Wolf", der durch die Wüsten dieser Welt streift. Andere wieder bezeichnen ihn als „Egomanen", als „Spinner", als geradezu unerträglich in seiner Sucht nach Selbstinszenierung.

Spannend wird es erst, wenn die vielen Aufkleber entfernt werden und die Masken und Hüllen fallen. Wenn sich ein Mensch zeigt jenseits aller Klischees.

Ich habe Reinhold Messner in einem langen Gespräch, das wir auf seiner Burg Juval, hoch über dem Vinschgau, führten, einzukreisen versucht. Was dabei zum Vorschein kam:

Ein Mensch mit vielen Eigenschaften, einer, der noch etwas wagt in einer Welt, die zunehmend zugebaut wird mit Technik und die beliefert wird mit Erlebnissen aus zweiter und dritter Hand, ein Mensch in seinem Widerspruch, einer, der sich verletzlich zeigt, der offen ist für Neues, der sich nicht zufrieden gibt mit dem jeweils Erreichten, einer, der den Willen hat, etwas zu gestalten, der sich nicht mit dem Formlosen zufrieden gibt. Und einer, der sich eigene Gedanken macht, der Ecken und Kanten zeigt. Reinhold Messner pur, könnte man sagen.

Michael Albus

Albus:
Reinhold, wenn du nach deinen Wurzeln suchst, nach deiner Herkunft fragst, wie beschreibst du sie?

Messner:
Meine Herkunft ist einfach. Ich bin in einem engen, tiefen Dolomitental aufgewachsen. In meiner frühesten Kindheit hatte ich weder mit der Kirche noch mit irgendwelchen Denkern, noch mit der Schule zu tun – ich bin im Talgrund gehockt und habe im Wald gespielt, ich bin zwischen Hasenställen herumgelaufen und habe den Wolken zugeschaut. Dieses Zurückerinnern in die Kindheit ist verbunden mit den Eltern, mit der größer werdenden Familie, mit Enge, mit Tieren und mit Wald. Wir Brüder haben mit fünf, sechs Jahren – ausgehend von diesem Nabel ‚Heimat und Haus' – in einem Umkreis von zwanzig Kilometern alles gekannt: die Bäche, die Wälder, die Sträucher, die Tiere im Wald und die Bergwiesen. Die Berge hatten wir noch nicht begriffen, weil sie zu groß waren, einfach zu irreal, aber wir lernten doch schon die Namen der einzelnen Spitzen. Das war meine Kindheit.

Die Fremdbestimmung – Schule, Kirche, Pfarrer und Lehrer, der mein eigener Vater war; natürlich kamen noch andere Lehrer dazu – wurde erst nachher wirksam. Aber alles, was später kam, hat mich nicht mehr so geprägt wie diese ersten sechs Jahre. Eine Kindheit ohne Kindergarten, ohne irgendeinen Hort, wo die kleinen Kinder zusammenkamen. Wir waren eine Horde im Dorf, in der wir gespielt haben. Ich bin skeptisch, wenn ich sehe, wie unsere Kinder daheimbleiben wollen, nicht nur unsere, auch die anderen Kinder, alle diese Wohlstandskinder mit PC und TV. Wir sind aus dem Haus gestürmt, wenn es einigermaßen ging, und hielten das Dorf besetzt. Wir waren ein Haufen – im positiven und im negativen Sinne. Dieses Gruppen-Dasein hat mich geprägt. Wir haben in Meran einen riesigen Garten, aber da stürmen meine Kinder nicht hin.

Albus:
Du sprichst von Enge. Kannst du sagen, wie sie sich für dich angefühlt hat, wie sie war?

Messner:
Diese Enge war eine räumliche Enge, viel Emotionen auf engem Raum und wenig Platz für das Ego. Das bescheidene Leben, das wir führen mußten, spielt in diesem Zusammenhang keine Rolle. Der Vater – er war Lehrer – hat nebenbei eine Kleintierzucht betrieben, Hühner gehalten; zuerst hatten wir Kaninchen, Angorahasen, die die Mutter geschoren hat. Die Wolle wurde verkauft. Später wurde eine richtige Hühnerfarm daraus mit Brutkästen und der Aufzucht von Jungtieren.

Unsere Enge war auch darin begründet, überall Hühner im Garten und der kleinen Wohnung, vielleicht 80 Quadratmeter, wo wir zu elft, zum Teil sogar zu zwölft, Platz finden mußten. Natürlich waren die Größeren später mindestens halbjährig in der Oberschule und damit aus dem Haus: in Brixen, in Bozen, in Meran, in den kleinen Städten, wo es allein Oberschulen gab. In den Sommermonaten aber kamen wir wieder zusammen.

Ich kann mich noch gut erinnern, daß wir als Buben zu sechst in einem Zimmer geschlafen haben, in einem Zimmer, kleiner als das Zimmer meiner Kinder heute. Diese Enge, diese Wärme, diese Geborgenheit war damals üblich, sie war selbstverständlich. Die Bauernkinder hatten mehr Raum zur Verfügung als wir Lehrerkinder, und vor allem waren da noch die Stallungen, das ganze Gehöft. Wir wohnten in einer typischen Stadtwohnung, mitten im Dorf. Trotzdem haben uns die Bauernkinder um unser „vornehm eingerichtetes Haus" beneidet. Bei mir war es umgekehrt. Mein Wunsch, mich heute bäuerlich einzurichten, kommt vermutlich aus diesem Mangel, meiner Sehnsucht nach Bauernstube damals. Ich habe das Bäuerliche immer als etwas Edles empfunden. Stadtkinder empfinden das genau umgekehrt.

Bei Regenwetter haben wir im Hausgang gespielt. Der war vielleicht sechs Meter lang und eineinhalb bis zwei Meter breit. Wenn man da zu sechst oder zu siebt spielt, wird das Leben verdammt eng.

Albus:
Könnte es sein, daß in dieser Erfahrung von Enge, der räumlichen Enge vor allem, vielleicht ein verborgenes Motiv dafür liegt, daß du nachher dann ins Weite und ins Land hinaus, ins Freie wolltest?

Messner:
Ich schließe es nicht aus. Wahrscheinlich ist meine Nomadennatur auf diese dörfliche Enge zurückzuführen. Das Tal, ein V-Tal, das ganz tief im Berg eingegra-

ben liegt, bot nur zwei Optionen: Einbrechen oder Ausbrechen. Das Villnöß-Tal, mit Weidhängen und darüber aufsteigenden Felsen, die bis in den Himmel ragen, und über das Wolken ziehen unter einem Himmelsausschnitt, der vielleicht fünf bis acht Kilometer breit ist. Alles, was wir als Kinder sahen, waren ein paar Häuser, Wiesen und darüber Bergspitzen wie Gitterstäbe.

Albus:
Eine geschlossene Welt.

Messner:
Und eine verschlossene Welt. Natürlich kamen wir auch hinaus. Früher oder später. Zuerst zu Fuß, dann mit dem Fahrrad, später mit dem Roller und zuletzt mit dem ersten Auto, um draußen zu bleiben. Hinaus aus dem Tal! Aber drinnen blieb eine geschlossene Gesellschaft, mehr noch eine geschlossene Welt: räumlich, sozial, geographisch.

Bis zu meinem zehnten Lebensjahr war das Villnöß-Tal mein ganzer Kosmos. Alles andere war fern und vage. Daraus läßt sich vermutlich der Wunsch ablesen, dahinter zu schauen, später dann das Weite zu suchen. Geographisch war ich also tief beengt. Der Wunsch nach großen Räumen, in denen ich heute wohne und in denen ich, seit ich selber baue, immer gewohnt habe, kommt sicherlich aus dieser häuslichen Enge. Ich litt nicht, aber beides zusammen – die häusliche Enge daheim und die geographische Enge im Tal – waren offensichtlich zu viel, und dann war da ja noch die gesellschaftliche Enge! Die Menschen, die geblieben sind, die sehr eng zusammenleben, sich gegenseitig helfen, die Dorfgemeinschaft also, sind in meinen Gefühlen positiv besetzt. In meiner Erinnerung gehörte ich dazu. Aber es gab auch diese Sprachlosigkeit, eine unausgesprochene Unfähigkeit, konkret zu reden. Wenn wirklich ein Notfall war, wurde geholfen, aber geredet hat man über die Probleme nicht. Diese stillschweigende Konfliktbewältigung ist wie ein eigenes Gesetz. Es wurde so viel getratscht und so wenig geredet, und das war mir der Enge zu viel.

Albus:
Also heißt Enge auch Sprachlosigkeit.

Messner:
Ja, Sprachlosigkeit ist der richtige Ausdruck. Diese Sprachlosigkeit der Bergmenschen ist überall und immer noch vorhanden. Und eines unserer großen Probleme in Südtirol ist diese Sprachlosigkeit. Ich meine damit nicht die Unfähigkeit, uns auszudrücken in Form von Literatur, in Geschichten, die wir erzählen, in Bildern, die wir malen: Es geht dabei um die Unfähigkeit, überhaupt zu reden, unsere Gefühle, Probleme, Zweifel in Worten aus uns herauszulassen. Deswegen gab es die Machtposition des jeweiligen Pfarrers im Dorf, und deswegen gibt es die Tageszeitung „Dolomiten" als erstes Machtinstrument im Lande. Wenn der Pfarrer der einzige ist, der von der Kanzel spricht, wenn die Zeitung als einzige Schrift ins Haus kommt, dann bestimmen sie zu viel.

Der gute Seelenpfarrer versteht es, intuitiv dann und wann, die Leute irgendwie anzurühren, ihre Herzen zu bilden. Häufig ist das natürlich nicht der Fall, bei der Zeitung ganz selten. Denn auch Pfarrer, Lehrer und Redakteure sind ziemlich verstockt. Wie die Leute eben.

Albus:
Der Pfarrer spricht, im positiven Fall, stellvertretend das aus, was die Leute nicht aussprechen können, was sie aber fühlen.

Messner:
Ein Pfarrer, dem es um soziale und seelische Probleme geht, ist nach meiner Ansicht gut. Er hat auch heute noch eine Daseins-Berechtigung, gerade in den Dörfern. Er weiß genau, was die Leute nicht aussprechen. Er spricht also die Probleme an, wozu die meisten nicht den Mut haben. Er sagt es den anderen und dem einzelnen, ohne zu sagen, wen er meint. Indem er auf der Kanzel für alle spricht, ohne einzelne zu beleidigen, kann jede und jeder die Brücke von der eigenen Seele in die des anderen schlagen und so die Seele der Gemeinschaft finden. Ein ganzes Dorf erreicht tiefenpsychologisch seinen Frieden. Solche Pfarrer gibt es leider selten. In einer katholischen Dorfpfarrei übernehmen sie stillschweigend die Rolle des Psychotherapeuten. Sie spielen eine Rolle, wie sie ursprünglich die Medizinmänner innehatten …

Albus:
… Priester waren immer Psychotherapeuten …

Messner:
… ja, aber viele haben heute alle Hände voll zu tun, irgendwelche Geschichten zu erzählen, an die sie selber nicht glauben.

Albus:
Bleiben wir noch ein wenig bei der Enge, bezogen auf die Kindheit und auf dein Heranwachsen. Wann hast

du begonnen, diese räumliche Enge zu überwinden, aufzusprengen?

Messner:
Dieser Moment hat vermutlich mein Leben bestimmt. Der Augenblick, als ich aus dem Wald hinausging auf die Gschmagenhart-Alm. Ich habe die Eindrücke dazu häufig beschrieben, weil sie so stark geblieben sind. Ihnen verdanke ich es, daß ich zu einem Grenzgänger geworden bin, Bergsteiger zuerst, Kletterer und später Höhenbergsteiger. Heute bin ich Eiswanderer. Was ich morgen sein werde, weiß ich noch nicht.

Vorstellen muß man sich die Geschichte so: Ich bin im Tal und sehe aus der Ferne die Geißler-Spitzen, die aus dieser Perspektive Postkartenformat haben. Vom Tal aus sind sie irreal, nicht meßbar. Mit dem Fernglas konnten wir Kinder nicht schauen, das lernt man nicht so schnell. Es ist nicht so einfach für ein Kind, mit dem Fernglas zu schauen. Ich beobachte das jetzt bei meinen Kindern. Bevor sie nicht sieben Jahre alt sind, können sie das nicht. Sie können das Glas nicht einstellen, sie können den Berg nicht finden, weil er zu groß dabei wird.

So stiegen wir also mit dem Talbild der Berge im Kopf – ich war fünf, mein älterer Bruder war knapp sieben Jahre alt – auf eine Hochalm in zweitausend Meter Meereshöhe hinauf. Diese Gschmagenhart-Alm liegt auf einer Anhöhe, auf einem Hügel, auf dem nur noch einzelne Bäume wachsen und der nach allen Seiten abfällt. Dahinter, wie eine Kulisse, stehen die Geißler-Spitzen. Als ich nun nach mühevollem Aufstieg durch den Hochwald – über ein kleines Steiglein hinter den Eltern herstapfend – aus dem Zirbenschatten hinauskam auf diese offene Hochfläche, standen die Geißler-Spitzen gerade im abendlichen Licht, und sie waren so groß und so gewaltig, wie ich mir das nie hätte vorstellen können. Da waren Dimensionen zu verarbeiten, die über mein Vorstellungsvermögen gingen. Ich stand mit offenem Mund da und staunte. Es war ein so überwältigender Eindruck, daß ich erschrocken und glücklich zugleich war. Da kann man nie hinaufsteigen, dachte ich. Ich erlebte so etwas wie die Unendlichkeit. Die Unendlichkeit kannte ich damals weder als Begriff noch als mathematische Vorstellung. Aber da war Unendlichkeit. So wie ich sie später nie mehr erfahren habe. Als ich mehr als fünfundzwanzig Jahre später unter dem Mount Everest stand, war der Eindruck, getragen vom Verhältnis ‚Reinhold zum Berg', anders als damals unter den Geißler-Spitzen, viel schwächer. Als kleines Kind stand ich unter den größten Bergen. Und ich bin dann doch hinaufgestiegen. Der Vater hat uns mitgenommen und gezeigt, wie es geht. Er hat uns den Rhythmus vorgegeben, Helmut und ich haben uns seiner Führung anvertraut. Von oben konnte ich eine noch viel größere Welt sehen, nicht mehr so beeindruckend wie die Unendlichkeit unten, aber diese Weite! Bergketten sah ich und noch eine Bergkette und dahinter noch eine Bergkette. Irgendwo dahinter stand wieder ein Horizont, das Unüberschaubare. Unter uns lag der Abgrund, der auf eine andere Art beeindruckte als der Blick nach oben.

Geblieben ist mir dieser Blick von unten zu den hoch aufragenden Bergen. Der Schlüsselmoment in meinem Leben ist ein Gefühl, das ich noch überschauen konnte, das aber nur mit einem langen Schwenk des Kinderkopfes nach oben faßbar wurde. So war mein Einstieg in die Welt, in der ich heute noch unterwegs bin. Zu ihr gehört – mehr als alles andere – das Exponiert-Sein, das heißt: das Hinausgehen – in der Tat oder in Gedanken heute – in die schiere Unendlichkeit.

Albus:
Hast du eigentlich diese Geschichte mit dem Aufstieg schon einmal geträumt?

Messner:
Nicht diesen Aufstieg, er ist mir in vielen Bildern in Erinnerung geblieben, den ersten Blick auf die großen Berge ja. Ich kann heute diese Besteigung des Sass Rigais im Sommer 1949, mit fünf Jahren, nachempfinden. Aber ich erinnere mich noch an einzelne Bäume, genau sehe ich einzelne Steine, die ich jetzt noch zeichnen könnte. Einer dieser Bäume ist noch da. Ob auch die Steine noch da sind? Ich habe in den letzten Jahrzehnten nie mehr nachgeschaut. Auch an einige Felsen auf dem Gipfelgrat kann ich mich erinnern, weil ich um sie herumsteigen mußte, was für mich sehr schwierig war. Dabei hat mich der Tiefenblick sehr beeindruckt. Nicht beeindruckt war ich vom Blick hinunter auf die Alm. Vom Gipfel gesehen, kam mir die Strecke zurück sehr kurz vor. Irgendwie war die Almwiese mit „unserer" Hütte nahe, nicht so tief unten, wie ich das von unten herauf empfunden hatte.

Das Hinabschauen träume ich selten. Gerade jetzt und zwar häufig träume ich vom Gehen in die Weite. Wie ich in den letzten zehn Jahren angefangen habe, vom Klettern zu träumen, träume ich seit meinem Unfall vom Gehen. Ich klettere im Traum, und ich gehe, und es reicht mir im Grunde. Ich brauche eigentlich nicht mehr richtig zu klettern. Interessanterweise erlebe ich beim Traumklettern stärkere Befreiungen, als ich sie beim wirklichen Klettern erfahren habe.

Albus:
Wenn du das so beschreibst, hört sich das an, wie ein sehr altes Märchen, das nichts anderes zeigt als den Aufstieg der Seele aus der Tiefe zur Befreiung in der Kindheit und Jugend und zur Weite im Älterwerden.

Messner:
In meiner guten Kletterzeit, zwischen achtzehn und fünfundzwanzig, packten mich oft Ängste vor den Touren. Das heißt: ich hatte Schwierigkeiten, vor den großen Zielen zu schlafen. Ich wußte sehr viel, in meiner Phantasie spielten irgendwelche Angstgeschichten: Leute waren umgekommen, die großen Schwierigkeiten schienen unüberwindlich, Wetterstürze, Steinschlag waren denkbar. Ich kannte diese Wände ja nur vom Hörensagen, vom Lesen, von Freunden, von anderen Bergsteigern, die diese Touren gemacht hatten. Die Besten waren kaum durchgekommen, viele waren nicht durchgekommen, einige sogar umgekommen. Und nun stauten sich alle diese Möglichkeiten vor dem Losgehen, des Fehler-Machens, des Umkommens, des Nichtdurchkommens, zu einem Angstsee. Deshalb oft die Schwierigkeiten mit dem Schlafen. Heute träume ich manchmal, daß ich in einer Wand steige, dabei irrsinnige Passagen klettere, und dann – beim Sturz – fliege ich einfach weg. Wenn es nicht mehr weitergeht, auf und davon. Ich fliege aus der Wand in die Welt hinaus wie ein Vogel. Aber ich kann ja gar nicht fliegen, sage ich mir, wenn ich aufwache.

Albus:
Flugträume?

Messner:
Ja. Solche hatte ich als Achtzehn- oder Zwanzigjähriger nicht – ich kletterte damals im Fels viel besser als heute. Damals waren es belastende Träume. Aus dem Tal aufzusteigen brauche ich heute nicht mehr. Ich bin im Traum irgendwo in einer Felswand und wünsche mir sogar, wenn ich aufwache – ab und zu wache ich auf bei einem so euphorischen Flug –, weiterzufliegen. Es ist ein gutes Gefühl zu fliegen, eines der besten Gefühle, die es gibt.

Albus:
Das kann ich gut nachempfinden. Wir haben als Kinder oft einen hohen Aussichtsturm bestiegen, daheim im Schwarzwald, und uns von dort aus die Heimat oder die Umgebung regelrecht erschaut im Laufe der Zeit. Ich träume heute noch oft davon, daß ich da oben stehe, mich abstoße und die Arme in der Luft bewege wie ein Vogel die Flügel und übers Land fliege. Das sind Erfahrungen, die so tief in uns sind, daß sie in einem bestimmten Lebensalter oder in bestimmten Lebenssituationen einfach wieder herauskommen.

Aber was mich noch interessiert: Du hattest ja bei deinem Aufstieg, bei deinem Ausstieg aus der Enge den Vater dabei. Er war dein Begleiter, er ist mit dir gegangen. Kannst du beschreiben, wer und was dein Vater für dich war?

Messner:
Mein Vater war ein junger Villnößer mit sehr viel Idealismus – so sehe ich ihn heute –, der in die Oberschule kam, mit einer Art Verpflichtung, Geistlicher zu werden. Damals kam ein intelligentes Kind aus einem Bergdorf ja nur in die Oberschule oder ins Gymnasium, wenn es Geistlicher werden sollte. Mein Vater war also in einem Priesterseminar. Ob er wirklich Pfarrer geworden wäre, wenn sein Leben nicht eine andere Richtung genommen hätte, weiß ich nicht. Jedenfalls kam er aus noch mehr Enge als ich. Sein Großvater, der ein relativ wohlhabender Bergbauer gewesen war, hatte durch Suff und wohl auch eine Portion Anarchie Haus und Hof verloren. Er hat sich dann, mit seinen beiden Söhnen als Helfer, als Hirte auf Hochalmen und als Holzfäller durchgeschlagen. Er konnte seinen beiden Söhnen also nur noch weitere Enge mitgeben. Auch geistige Enge. Diese Söhne sind dann Kleinhäusler geworden. Sie beide haben ein Leben lang fleißig gearbeitet, haben es beide zu einem kleinen Höflein gebracht, sind aber geistig und auch praktisch sehr beengt geblieben. Die Mädchen aus dieser Familie waren als Mägde auf andere Bauernhöfe geschickt worden. Nur die Buben waren beim Vater geblieben. Der „Verginer-Krumpe" – so nannte man ihn – hauste meist allein irgendwo in irgendeiner Höhle, heute würde man sagen, als halber Anarchist. Die Höhle in Villnöß, in der er lebte, kenne ich, und ich verehre diesen Urgroßvater. Er war ungefähr zwei Meter groß, und man behauptet von ihm, er hätte in seinen „besten Jahren" an Sonntagen bis zu zwölf Liter Wein getrunken. Also, daß der Hof dranglauben mußte, ist verständlich. Ich lächle ab und zu anerkennend über diese Biographie. Wenn ich am Verginer-Hof

vorbeifahre, sage ich mir: ‚Zum Glück ist es damals passiert und nicht mit mir.' Vielleicht wäre ich zu guter Letzt auch in dieser Enge gelandet. Ich kann mich an den Urgroßvater nicht erinnern, an den Großvater gut, der als alter Mann ein recht friedlicher, ruhiger, ausgleichender Mensch war.

Mein Vater hatte das Pech, daß dieser mein Großvater, sein Vater, einen Unfall zu verantworten hatte. Er hatte sich zum Holzunternehmer gemacht, hat mit fünf anderen Leuten Holz geschlagen, in fremden Wäldern. Seine Helfer waren angestellt und nicht versichert. Und ein Mann ist tödlich verunglückt. Wegen des Unfalls hat es bei meinem Vater daheim große wirtschaftliche Probleme gegeben, und mein Vater ist aus dem Seminar genommen worden. Er stand, glaube ich, ein Jahr vor dem Abitur und mußte jetzt daheim mithelfen. Dann kam die Optionszeit. Da er im Tal einer der wenigen war, die mehr als lesen und schreiben konnten, hat er ganz selbstverständlich als „deutscher Südtiroler" die Umsiedlung der Optanten für Hitler-Deutschland mitorganisiert. Er hat dann in dieser Optionszeit in Brixen in einer Auswandererstelle als Sekretär gearbeitet.

Albus:
Was heißt ‚Optionszeit'?

Messner:
Die Optionszeit war für uns Südtiroler eine schwierige Zeit, die Zeit, in der alle Südtiroler – nach einer Absprache zwischen Mussolini und Hitler – die Möglichkeit erhielten zu wählen – zu optieren also, deswegen „Option" –, entweder ins Dritte Reich abzuwandern oder in Südtirol zu bleiben. Das heißt: die Südtiroler

mußten entweder ihre Heimat aufgeben, um irgendwo eine neue „Heimat" zu bekommen, oder im Lande bleiben und dabei die Italienisierung erleiden. Nur wenn alle geblieben wären, hätte es theoretisch die Hoffnung gegeben, Südtirol als Sprach- und Landeseinheit zu erhalten. Es haben sich dann etwa knapp 90 Prozent der Südtiroler dafür entschieden, ins Deutsche Reich abzuwandern, was Hitler natürlich sehr gefreut hat. Himmler hatte die „Organisation" dieser Option übernommen und mit viel Geschick die „unterdrückten" Südtiroler auf die Seite Hitler-Deutschlands gezogen. Die Nazis haben die „bessere" Propaganda im Lande gemacht und die Option für sich entschieden, wozu mein Vater beigetragen hat. Dieser Umstand und das Stillschweigen darüber haben später zu Streitgesprächen zwischen uns geführt, weil ich sehr früh schon die Frage gestellt habe: „Warum hat gerade in Südtirol das Wort ‚Heimat' Konjunktur, wenn damals fast alle weggegangen sind? Ich verstehe das nicht." Er hat mir bis zu seinem Lebensende keine konkrete Antwort gegeben. Wenn nicht die Mutter gewesen wäre, die zwischen uns Brüdern und dem Vater stillschweigend vermittelt hätte – ‚Laßt das Thema ruhen, die Erinnerung verträgt er nicht, aber im Grunde habt ihr recht' –, hätten wir wahrscheinlich wohl ewig darüber gestritten.

Ich habe zum fünfzigjährigen Erinnern an diese Option ein Buch herausgegeben mit Hilfe von Freunden – ein paar Historikern, Fachleuten –, um Aufklärungsarbeit zu leisten. Ich verstehe meinen Vater heute, ich habe keine Ressentiments, nur hätte er uns Kinder aufklären müssen. Die Option gehört zu seiner Geschichte, zu seiner Biographie. Mit meinem heutigen Wissen kann ich ihn verstehen. Er war emotional eindeutig in das Dritte Reich eingebunden. Er war in seinem jugendlichen Idealismus natürlich leicht benützbar für Werte wie Heimat, Verteidigung des Deutschtums und und und, also für Werte, die auch der Luis Trenker hochgehalten hat, laut zuerst und stillschweigend später.

Mein Vater ist aus dem Krieg heimgekehrt und nie mehr mit der Enttäuschung über den verlorenen Krieg, den Verlust seiner jungen Jahre, den Zusammenbruch seiner Ideale fertig geworden. Auch im Alter nicht. Er ist im großen und ganzen Frontsoldat geblieben, ein Verlierer, der nicht bereit war, sich die Fehler einzugestehen, die das System barg, das er mit sehr viel Idealismus angenommen hatte.

Wenn ich später ein Kritiker des Idealismus geworden bin, dann aus dieser Erfahrung heraus. Idealisten sind oft leider schnell zu ködern und damit in ein System hineinzuzwingen, das sie mit ihrem Hausverstand oder vom Herzen her vielleicht gar nicht wollen. Wenn ich meinen Vater hätte aufklären können mit meiner heutigen Erfahrung – er war damals dreiundzwanzig Jahre alt –, er wäre vielleicht auch eher Revolutionär geworden als Mitläufer, wie alle seine Söhne, die mehr oder weniger aufmüpfig sind. Wir Brüder sind alle relativ früh hellhörig geworden und haben uns gewehrt, in der Dorfgemeinschaft, gegen ungerechte Situationen im Tal, in der Kirche, in der Politik. Und der Vater hat uns in einigen Punkten sogar geholfen. Wir haben zum Beispiel mit seiner Hilfe in Villnöß einen Bürgermeister abgesetzt, der Bank und Gemeinde führte und sich zu viele Freiheiten erlaubte.

Albus:
Habe ich richtig herausgehört, daß du insgesamt doch ein Spannungsverhältnis mit deinem Vater hattest?

Messner:
Ja und nein. Mein Vater hat mich unter seinen Kindern nicht bevorteilt. Aber er hat dieses energiereiche und wilde Leben – wild im Sinne von hinaus, klettern, hinauf – gefördert. Ich habe nie gerne gefolgt und mich nie freiwillig untergeordnet. Ich habe aber andere nicht befehligen wollen. Ich wollte einfach mein Leben leben. Diesen Drang hat mein Vater gefördert, bis ich mein Abitur nicht bestand. Als er merkte, daß ich mein Studium nur halbherzig betrieb – in der Sorge, mich früher oder später in eine Berufskarriere als Grenzgänger abtriften zu sehen – hat er angefangen zu bremsen. Mein Traum war es aber wirklich, zu tun, was ich heute tue. Sehr einfach: von allen meinen Fähigkeiten leben und mir damit die Freiheit bewahren, aufzubrechen, wohin ich will: Das heißt Grenzgang. Das Wort ‚Abenteurer' benutze ich für mich heute nicht mehr, und ‚Kletterer' zu werden war auch nicht mein Ziel. Es gelang meinem Vater aber nicht mehr, mich aufzuhalten, weil ich erwachsen war und weil ich ihm wirtschaftlich bald überlegen und auch sicher war, es zu schaffen. Ein letztes Mal hat mein Vater sich radikal gegen mich gestellt, als ich Burg Juval gekauft habe. Er ist auch nie auf die Burg gekommen. Er war davon fest überzeugt, daß ich sie, trotz meines wirtschaftlichen Erfolges, nicht würde halten können. Seine Angst, daß ich damit pleite ginge und er sich schämen müßte, saß zu tief. Er lebte voll und ganz in seiner Dorfgemeinschaft, in der Imponiergehabe, Schämen, Erfolghaben zelebriert wurden wie einst

auf den Bäumen. In den späten Jahren, in denen wir ein gutes Verhältnis hatten und oft nur über alles mögliche geplänkelt haben, vor allem auch über Politik, hat er mir immer wieder geraten: ‚Sei doch vernünftig, stell dich wenigstens mit der Presse und den Politikern gut, sonst verlierst du am Ende immer. Es könnte dir so gut gehen.' Mein Vater hat nicht verstanden, daß ich immer, wenn ich konnte – ich habe nur auf die Gelegenheit gewartet –, meine Meinung gesagt habe. Und diese Meinung stand oft gegen die lokale Politik oder die Linie der Medien, die mich rasch zum Außenseiter der Gesellschaft in diesem Lande Südtirol abstempelten. Mein Vater hatte nicht Angst vor meiner „Arbeit" als Bergsteiger oder als Bauherr auf der Burg Juval. Er hatte Angst, daß die Dorfgemeinschaft sagt: ‚Ein Dorfbub kann doch keine Burg haben und halten; das geht doch nicht.'

Er ging in den Jahren zwischen 1970 und 1985 – da ist er gestorben – oft in die Dorfbar. Wenn ich von einem Achttausender zurückkam – Scheitern oder Erfolg hatte er in der Zeitung gelesen –, sagte er bei Erfolgen regelmäßig: „Ich wußte, das packt er, ich kenn' ihn ja." War ich gescheitert, ging er auch in die Dorfbar und sagte: „Ich habe ihm vorher schon gesagt, das geht nicht ..."

Albus:
... Er hat dich für sein Ansehen im Dorf instrumentalisiert ...

Messner:
... Genau. Als ich die Antarktis durchquerte, hat er nicht mehr gelebt. Die Tour aber hätte ihm wahrscheinlich große Freude gemacht. Während der langen

Reise gingen Woche für Woche Meldungen durch die Medien, wie „nicht möglich, Messner scheitert, sie sind zu langsam". Dann hätte er gesagt: ‚Habe ich ihm doch gesagt, das soll er nicht machen, er kann bergsteigen, aber nicht so was.' Wenn ich durchgekommen wäre, hätte er gesagt: ‚Ja, er hat einen harten Schädel und geht, auch wenn alle sagen, es geht nicht.'

Albus:
In der Vererbungslehre gibt es ja die Erkenntnis, daß eine bestimmte Anlage auch mal eine oder zwei Generationen überspringen kann. Die Anarchie vom Urgroßvater ist offenbar doch ein wenig auf dich übergekommen.

Messner:
Ich habe einen starken Hang zur bäuerlichen Lebenswelt, also zu einer autarken Lebensart. Dazu gehört eine Prise Anarchie. Deswegen habe ich, viel früher als eine Burg, einen Bauernhof gesucht. Vielleicht wäre ich in Villnöß geblieben, hätte ich dort einen Bauernhof haben können. Ein Bauernhof war mir wichtig. Da ist viel Sicherheit und viel mehr Autarkie als auf einer Burg. Die Burg war nur ein Kindertraum, den ich mir plötzlich leisten konnte. Und ich wäre ja gerne Architekt geworden, im Grunde ist eine Burg billiger als eine kleine Stadtwohnung. Wenn die Erhaltung nicht wäre. Da gehört nur ein bißchen Phantasie dazu und natürlich viel Energie. Das Machen ist einfach, und das Nachher kommt erst später. Ich habe viel von einem Bergbauern, und in meinem Paß steht heute auch ‚Bergbauer' als Berufsbezeichnung. Lieber Bergbauer als Bergsteiger. Den Berg hinaufsteigen kann jeder, im Gebirge leben ist schwierig geworden.

Ich habe schon ein bißchen von allem. Die Anarchie und den Bauern vom Urgroßvater, das bäuerliche Empfinden vom Großvater, den Idealismus vom Vater. Ob da nicht zuviel übrig ist, weiß ich nicht. Natürlich habe auch ich eine idealistische Ader. Wenn ich mir eine Idee zurechtlege und ihr nachsteige, hat das mit Sinnstiften zu tun. In mir steckt natürlich sehr viel Idealismus. Da ist eine Idee, die zum Ideal wird, das ich realisieren will. Aber ich wehre mich vehement gegen jedes Idealisieren der Realität. Und meine Ideen müssen nicht Ideale für andere sein. Die Realität ist die Realität. Einem Traum nachgehen, ja, oder einem Tagtraum, aber ich bemühe mich dabei, Realist zu bleiben. Ich hoffe doch, mehr Realist als Idealist zu sein.

Albus:
Ideen haben ist ja auch etwas anderes als Idealismus haben. Aber bleiben wir bei der Familie, denn dort werden ja eindeutig die Wurzeln gelegt.

Wie war denn das Verhältnis zur Mutter? Mir ist in den bisherigen Gesprächen, die ich mit dir geführt habe, immer aufgefallen, daß für dich die Mutter ein ganz wichtiger Mensch war. Du hast sogar einmal gesagt, daß du von ihr abhängig warst. War die Mutter die starke Person in deinem Leben oder der Vater?

Messner:
Eindeutig die Mutter! Obwohl der Vater nach außen hin die starke Persönlichkeit war. Er hat im großen und ganzen bestimmt, mit seiner Stimme und mit seiner Autorität, die er sich als Mann genommen hat, aber nicht innehatte. Die Mutter aber war stillschweigend die wahre Autorität. Das heißt: ohne die ausglei-

chende, weise Art der Mutter hätte die Familie nicht überlebt. Wir wären vermutlich nicht eine recht tüchtige Schar von Kindern geworden. Wenn ich mich umschaue, sind alle zufrieden. Es war bei einigen nur etwas schwieriger, zu ihrem Selbstverständnis zu finden. Zum Beispiel: der Zweitjüngste, Hansjörg: In der Schule sehr früh ausgebrochen, hat er im Zelt gewohnt, bevor er nach Asien zog. Jahrelang wußte niemand, wo er war. Später hat er das Abitur nachgeholt, ist Psychotherapeut geworden und hat heute eine eigene Klinik, mit Klienten in Amerika, Europa, Australien. Er hat seinen Beruf gelernt, ist tüchtig und tut mit Begeisterung, was er tut. Wir alle haben einen Beruf, den wir mit Begeisterung tun, wenn mein Tun auch ein Nichtberuf ist. Alle Brüder sind Akademiker – mit Ausnahme von mir und meiner Schwester, die der Vater in die typisch weibliche Rolle gesteckt hat. Die Mutter hat uns in ihrer einfachen Art sehr früh aufgeklärt, nicht sexuell, sie hat uns mit Fingerspitzengefühl laufen lassen.

Albus:
Bleiben wir noch ein wenig bei deiner Mutter. Was war sie für eine Frau?

Messner:
Meine Mutter war vor allem eine ausgeglichene Frau. Aus ihrer Kindheit weiß ich, ihr Vater hatte sie sehr gerne. Sie war sein Lieblingskind. Sie hat daheim viel mitgeholfen. Ihr Vater war einer, der in der Welt weit herumgekommen war, ein Südtiroler mit weitem Horizont. Obwohl er aus einem armen Berggebiet in den südlichen Dolomiten stammte, aus dem ladinischen Buchenstein, wurde er Kaufmann. Er hieß Troi. Troi

heißt aus dem Ladinischen übersetzt: der Weg. Er ging als Gerber nach Amerika, kam aber wieder zurück und hat dann in der Gerberei meiner Großmutter gearbeitet. Als die Gerberei nicht mehr ging, weil die Zeiten der Häuter und Metzger im Tal vorbei waren, hat er ein Geschäft aufgebaut. Seine Familie war bescheiden, aber wohlhabend im Maß des kleinen Tales. Die Mutter hat daheim ein frohes Leben geführt, eine ausgeglichene Jugend genossen und spät geheiratet. Zur Strenge und zum Intellekt meines Vaters war sie das ausgleichende Element. Der Vater war gebildet, gescheit, hat Gedichte geschrieben, in seiner Jugend war er geklettert. Aber er war in seinem Wesen nicht großzügig, während die Mutter sehr großzügig war. Sie hat die Kinder auch in schwierigen Situationen verteidigt. Diese Tatsache vor allem hat in der späteren Zeit – in ihrem Alter und unserem Erwachsensein – mehr Sympathien auf ihre Seite gebracht. Wenn wir Kinder uns in der Schule nicht verhielten, wie es die Lehrer gern sahen, hat immer sie das geregelt. Fast jeder von uns hat irgendwann in der Schule über die Stränge geschlagen und mit den Lehrern Streit gekriegt. Ich hatte fürchterlichen „Krieg" mit den Lehrern im letzten Schuljahr vor dem Abitur, weil ich mir nicht mehr alles diktieren lassen wollte. Man konnte mir nicht mehr jeden Blödsinn erzählen. Mein Bruder Hubert, der heute Mediziner ist, ist aus der Schule geflogen, weil er im Dormitorium das berühmte Heine-Zitat über Südtirol vorgelesen hat: eine der schönsten Stellen, die es in der Literatur zu Brixen, wo er war, gibt. Deswegen mußte er von der Schule gehen. Die Mutter fand Lehrer, die ihn wieder nahmen.

Albus:
Kannst du denn noch sagen, wie das Heine-Zitat heißt?

Messner:
Das fängt ungefähr so an: ‚Die Tiroler sind immer gesund, weil sie zu dumm sind, um krank sein zu können. Die Tiroler sind ... und so weiter ... Und sie sind unbeschränkt in ihrer Beschränktheit.' – Ich finde das phantastisch, man muß es heute noch unterschreiben. Niemand hat uns Tiroler so gut durchschaut wie der durchfahrende Dichter Heine. Er hat diesen Text an einem Abend in Brixen in sein Tagebuch gekritzelt – und mein Bruder liest, sechzehn Jahre jung, eineinhalb Jahrhundert später an einem Abend vor, was er gut findet, und fliegt aus dem Heim und von der Schule. Im Grunde hätte er einen Preis dafür kriegen müssen. Nein, man hat ihn dafür aus der Schule geholt. Mein Vater hat, wie immer, böse reagiert. Er hat gemeint, Hubert solle halt irgendwo Handlanger machen, bei Maurern, oder auf Bauernhöfen aushelfen oder was auch immer. Meine Mutter hat ihm sofort einen Schulplatz in Meran besorgt. Sie ging zu den Lehrern, die vom Vergehen gehört hatten, und sagte: ‚Er hat das gemacht, aber ich finde, es ist im Grunde richtig, er hat recht.' Hubert war mit vierundzwanzig Jahren Arzt, heute führt er im Bozener Spital die Frühgeburtenabteilung. Ich kann im Lande herumspazieren, wo ich will, in der Stadt, auf Bauernhöfen, die Frauen sagen nicht: ‚Sie sind der Bergsteiger' zu mir, sie fragen: ‚Sind Sie der Bruder vom Kinderarzt?'

Albus:
Die Mutter hat einmal auf die Frage eines Journalisten, was sie denn mache, wenn sie dich oben auf einem Achttausender weiß, ganz lapidar geantwortet: „Ich bete."

Messner:
Ja, das stimmt. Die Mutter war gläubig, richtig gläubig. Sie wußte und akzeptierte, daß wir Kinder alle zur Amtskirche Skepsis entwickelt hatten. Sie hat das nicht gestört. Sie glaubte fest. Mit mir hat sie oft geplänkelt: ‚Du wirst schon noch sehen!' oder ‚Du wirst auch noch gescheiter werden!'

Ein Vierteljahr vor ihrem Tod habe ich einen langen Spaziergang in Villnöß mit ihr gemacht. Es ging ihr wieder recht gut. Wir sind von einer Kirche zur anderen gewandert und dann und wann bei einem Bauernhof stehengeblieben. Die Leute kannten sie und grüßten und kamen und alle fragten – sie war in den letzten Jahren im Dorf eine Art Weise geworden. Und wir haben uns sehr gut unterhalten, auch über Fragen zur Religion. Mir wurde klar: diese ihre Glaubenshaltung war in einer Zeit entstanden, die es nicht mehr gibt. Ich habe deswegen auch jedes I-Tüpfchen ihrer Glaubens- und Lebenshaltung respektiert. Sie glaubte wirklich, daß mit dem Gebet etwas zu erreichen war. Und wenn man das Gebet im weitesten Sinne des Wortes versteht, so daß positive Gedanken bis in die letzten Winkel der Erde fliegen, in den verstecktesten Seelenwinkel des einzelnen Menschen, ist das Gebet unverzichtbar. Meine Mutter hat vielleicht nie darüber nachgedacht, ob sie zu einem personifizierten Gott betet oder ihre Bitte in das Weltall schickt. Letzteres tue ich auch – beim Gehen, Hoffen, Schauen.

Albus:
Hast du denn mit ihr nie über Religion gestritten?

Messner:
Nein. Die Mutter hat uns als Kinder in die Kirche geschickt und war doch früher als der Vater bereit zu sagen: ‚Wenn die Buben nicht mehr in die Kirche gehen wollen, laß sie doch in die Berge gehen.' Der Vater wollte uns in der Kirche sehen, weil alle in die Kirche gingen. Es ging in seinen Augen nicht, daß am Sonntag einer in der Kirche fehlte. Das sah der Pfarrer, und das sahen die Leute. Was dachten, was sagten die anderen Leute? Der Mutter war nicht wichtig, was die anderen Leute sagten. So haben wir die Revolte in Nagelschuhen angefangen: Wenn der Pfarrer, nach unserem Dafürhalten, „Blödsinn" gepredigt hat, sind wir demonstrativ durch den Mittelgang aus der Kirche hinausgegangen. Du kannst dir vorstellen, was der Vater dazu gesagt hat. Für ihn muß es furchtbar gewesen sein, eine Schande. Er hat ja den Pfarrer – der unser Religionslehrer war – in der Schule wieder getroffen. ‚Was ist denn eigentlich los? Hast du deine Buben nun im Griff oder nicht?', hat er gefragt.

Albus:
Es ging um Erfolg oder Mißerfolg im Dorf.

Messner:
Ganz genau, und um Gewohnheiten! – Meine Mutter hat geglaubt, ging in die Kirche – aber nicht unbedingt. Sie ging nicht jeden Sonntag in die Kirche. Sie ging, wenn es ging. Es gab eine Zeit, in der sie so viel Arbeit hatte in der Geflügelfarm und mit uns vielen Kindern, daß sie Hühner und Kinder und Sonntagsmesse nicht

immer schaffte. Sie hat uns geschickt. Und sie hat uns, wenn wir um vier Uhr in der Früh auf den Berg gingen, gesagt: ‚Es ist schon gut, die Messe muß nicht sein.'

Albus:
Wie viele Geschwister hast du gehabt?

Messner:
Wir waren zuletzt neun Geschwister.

Albus:
Und wie hat sie das doch wirklich zahlreiche Kinderkriegen empfunden? Hat sie das als gottgegeben angenommen, oder hat sie nie einmal gesagt: ‚Jetzt wird es mir zuviel'?

Messner:
Ich selber habe das damals nicht mitbekommen, aber ich weiß aus späteren Gesprächen, daß es ihr zuviel war. Sie hätte lieber weniger Kinder gehabt. Sie hat später in Interviews öffentlich gesagt, wenn es damals schon die Pille gegeben hätte, hätte sie natürlich verhütet. Vor allem, weil es zu viel für sie war. Mir aber hat sie, ich bin der Zweitälteste, dieses Empfinden nie vermittelt. Mein jüngster Bruder hatte lange Zeit eine Art Ressentiment ihr gegenüber, eine Ahnung, daß er nicht mehr gewollt war. Und er hat es der Mutter zeitweise vorgeworfen. Was wieder wichtig war, wir konnten ihr alles sagen.

Günther war der unmittelbar nächste meiner Brüder. Mit Günther habe ich mich als kleines Kind nicht so gut vertragen. Viel später sind wir zur „Seilschaft" geworden. Der letzte Bruder, der mir sehr wichtig war als Kind, war Hubert. Ich kann mich noch gut daran erinnern, wie ich den Hubert „gekinzt“ habe. „Kinzen“ heißt: ein kleines Kind betreuen. So wie es Magdalena, meine Tochter, jetzt tut. Jedes kleine Kind, das sie irgendwo erwischt, wenn es nur klein ist, mit ihr spielt und lacht, trägt, hätschelt und führt sie herum. Als hätte sie ein großes Bedürfnis, die Mutterrolle zu übernehmen. So habe ich auch mit Hubert gespielt und ihn herumgetragen, als er fünf, sechs, zwölf Monate alt war. Es war ein intensives Kind-Erwachsenen-Verhältnis und für mich sehr wichtig, ein Schlüsselerlebnis. Habe ich mit Hubert heute deswegen ein besonders gutes Verhältnis, weil wir in der Kindheit so eng zusammen waren? Mit den beiden nächsten Brüdern ist es nicht mehr so, damals war ich schon zu viel weg.

Albus:
Mit Hubert hast du Grönland durchquert?

Messner:
Ja, mit Hubert bin ich durch Grönland gegangen.

Albus:
Manchmal erziehen Geschwister sich untereinander viel besser, als Eltern die Kinder erziehen.

Messner:
Das war bei uns sicher auch so. Die Mutter hat uns Ältere einfach mit den Kleineren aus dem Haus geschickt und gesagt: ‚Du paßt auf den auf‘ oder ‚Der hilft dir im Hühnerstall.‘

Wir hatten alle die Verantwortung für einen Hühnerstall übernommen. Diesen Umstand habe ich lange

Zeit nicht so gut gefunden. Heute finde ich es in Ordnung, daß der Vater jedem von uns eine Aufgabe gab, eine Pflicht, die Sinn machen sollte. Mit acht Jahren habe ich einen Hühnerstall betreut, in den ich Wasser hinbringen mußte, den ich alle Tage misten, von dem ich die Eier holen mußte. Wir haben die Hühner selbst geschlachtet, gerupft, verkauft. Wir haben alles selber getan. Das war natürlich und selbstverständlich.

Diese Hühnerställe mußten versorgt werden. Die Verantwortung über Leben und Tod, wenn auch nur von ein paar hundert Hühnern, hat uns Kindern Spielmöglichkeiten weggenommen. Ich habe es vermißt, daß wir so wenig spielen konnten und so viel arbeiten mußten. Kinderarbeit war im Dorf selbstverständlich, und Vater wollte uns den Bauernkindern gegenüber nicht privilegiert aufwachsen sehen. Aber das alles hat mir auch ein striktes Verantwortungsgefühl gegeben. Ob meine Kinder heute bereit wären, das eine Pferd, das ihnen gehört, ein Jahr lang selbst zu versorgen, es zu striegeln, weiß ich nicht. Ich bin skeptisch, ob sie Freiraum gegen das Pferd eintauschen würden? Ja, sie würden sagen: ‚Dann verzichte ich aufs Pferd, das alles soll ein anderer tun, es gehört lieber nicht mir.' – Wir mußten unsere Arbeit tun, obwohl uns die Hühner nicht gehörten. Jeder hatte seinen Verantwortungsbereich wie seinen Platz am Tisch.

Albus:
Wie war das Verhältnis zwischen deinem Vater und deiner Mutter?

Messner:
Je älter sie wurden, um so friedlicher und um so inniger, im Alter war es ein schönes Verhältnis. Als sie

jünger waren, hat es nicht viel, aber doch Streit gegeben. Vermutlich, weil die Mutter gemerkt hat, daß der Vater engstirnig war. Im weitesten Sinne des Wortes einschränkend: in seinem Erziehungsgebaren, in seinen Lebensvorstellungen, in der Praxis. Mein Vater hätte, zum Beispiel, die zweite Haushälfte des Gasserhauses, in dem wir lebten, kaufen können. Es wäre kein Problem gewesen. Wirtschaftlich wäre es nicht leicht gegangen wegen der Lirekonstellation, die es damals gab, aber auf Dauer gut. Alle, auch untüchtigere Leute, die damals gekauft haben, sind problemlos über die Runden gekommen. Die Geldentwertung war damals relativ groß. Diese Inflation hätte uns zu mehr Wohnraum verholfen, das heißt: größere Spielmöglichkeiten, Zukunft. Vater hat sich nicht „getraut". Er hatte Angst, daß er es nicht schaffen würde.

Ich habe später dafür plädiert, wir sollten unsere Haushälfte – sie lag ungünstig an der Dorfstraße, keine Sonne im Winter – verkaufen und dafür an einem besseren Standort eine Wohnung kaufen. Einige Brüder haben damals schon gearbeitet, und die Eltern hatten ein wenig Ersparnis. Der Vater hat sich aber mit Händen und Füßen dagegen gewehrt. Diese Wohnung war Mutters Erbteil gewesen und bis zu seinem Lebensende Mutters Besitz. Sie hätte ja gesagt zum Verkauf, aber er argumentierte mit den Begriffen ‚Heimathaus' und ‚Sicherheit'. Die Mutter hat ihre Haushälfte, als der Vater gestorben war, verkauft und ist in eine viel sonnigere und von der Lage her günstigere Wohnung gezogen, die sich meine Schwester als Sommersitz gebaut hatte. Der Vater aber war dort geblieben in den vertrauten Räumlichkeiten, weil er sich vor Veränderung fürchtete: festgefahren in jeder Hinsicht.

Albus:
Was hat dich sonst noch tief geprägt? Von einer Erfahrung haben wir schon gesprochen: vom Aufstieg aus dem Wald auf die Gschmagenhart-Alm.

Messner:
Die bäuerliche Kultur insgesamt hat mich geprägt. In der damaligen Zeit waren die Bauern die bestimmenden Familien im Tal. Der größte Bauer war Bürgermeister. Wer Bauer war, genoß mehr Anerkennung, und wer nicht Bauer war, weniger. Jeder Bauer hatte eine Lebensgrundlage. Er brauchte keinen Beruf, keinen Arbeitsplatz, kein gar nichts. Industrie gab es im Tal nicht, Arbeiter im Grunde auch nicht, wenig davon, was wir heute Dienstleistung nennen. Neben den vielen Bauern war da der Pfarrer, eine Handvoll Handwerker, Förster, ein paar Lehrer und ein paar Geschäftsleute mit kleinen Lädchen. Natürlich gab es auch einen Busfahrer, aber das ganze Dienstleistungsgewerbe – Briefträger, Gemeindesekretär – war nicht so wichtig wie ein einziger, der Butter, Milch und Fleisch produzierte. Damals gab es noch keine zentralen Milchverwertungsbetriebe in Südtirol, keinen Handel wie heute. Die Milch wurde nicht produziert und in die Stadt geschickt wie heute. Die Vorstellung, daß die bäuerliche Welt eine Basis zum Überleben ist, ist mir geblieben. So denke ich immer noch, und ich bin ganz fest davon überzeugt, obwohl es nicht stimmt. Mein Bauernhof kostet mich, zum Beispiel, immer noch. Trotzdem erhalte ich ihn, führe ihn weiter, er ist mein Liebkind auf dem Hügel von Juval. Gustl, mein Mitarbeiter auf dem Oberortlhof, weiß es genau. Er hat es nicht leicht, denn wir müßten so weit kommen, daß der Bauernhof sich selbst trägt. Null/Null,

ohne das dauernde „Dazubuttern". Der Hof soll mich erhalten, nicht ich ihn.

Albus:
Der Gestalt des Pfarrers möchte ich noch ein wenig nachgehen, deinen Erlebnissen und frühen Erfahrungen mit der Kirche. Da entstehen Grundprägungen der Seele, die man nachher vielleicht verwirft, abstößt oder die man ausbaut. Ihr seid ja in die Religion oder in die praktizierte christliche Religion unmerklich hineingewachsen, regelrecht hineingeschlittert.

Messner:
Ja, diese Kirche und diese Religion waren kein Zwang, sie waren jene Selbstverständlichkeit, die nicht einmal einleuchten mußte.

Albus:
Es war ein Stück ‚Natur'.

Messner:
Etwas anderes kam nicht vor. Wir wurden in der ersten Klasse Volksschule mit der Erstkommunion in die Kirche eingeführt, und dort hatten wir zu bleiben. Wie eine Herde hinter der Kirchenglocke her. Die Kirche war die bestimmende Gesetzgeberin im Leben. Da war die Beichte, vielleicht monatlich, ich weiß es nicht mehr – Sonntag für Sonntag der Gottesdienst, die Maiandacht, die Sonntagnachmittagsandacht, Festtage in der Kirche. In der Summe eine fürchterliche Belastung. Ich wollte nach der Arbeit und sonntags spielen, aber ich mußte in die Kirche, immerzu in die Kirche.

Albus:
Kultbetrieb.

Messner:
Nein, mehr Routine, wie das Mittagsgebet – vor dem Essen und nach dem Essen – und das Abendgebet. Der Pfarrer war die erste, alles bestimmende Instanz in der Dorfgemeinschaft. Ihn respektierten alle.

Nun bin ich recht früh zur Erstkommunion gekommen. Ich kann mich daran aber nicht mehr so genau erinnern. Also waren diese „seelischen Momente" keine große Aufregung für mich gewesen. Geblieben ist mir die Erschütterung beim ersten Blick auf die Geißler-Spitzen, als ich aus dem Wald heraustrat. Es sind mir sogar der Widerwille in Erinnerung geblieben, sonntagnachmittags in die Kirche zu müssen, und die Lust, durch den Hochwald zu schleichen. Vielleicht stand irgendwo ein Reh.

Der damalige Pfarrer in Villnöß, mein Kindheitspfarrer, war ein alter Mann. Er hatte Hühner, und ich hatte ein gutes Verhältnis zu ihm. Er führte einen großzügigen Haushalt, und da er oft Gäste hatte, wurden auch Hühner serviert, von seiner Häuserin gebraten und gekocht. Er brauchte also jemanden, der die Hühner rupfte. Wir Lehrerbuben waren im Dorf die Hühnerrupfer. Wir haben auch für Gasthäuser Hühner geschlachtet und gerupft. Mindestens einmal im Monat war ich im Hochsommer im Pfarrhaus – oft mit einem, zwei oder drei Brüdern –, um Hühner zu schlachten und zu rupfen. Wir haben in Serie gerupft, und der Pfarrer hat uns verwöhnt. Wir wurden bekocht, bezahlt, und wir durften mit dem Pfarrer zu Abend essen. Ich bin heute der Überzeugung, daß der Pfarrer diese Einladungen mit Absicht gemacht hat.

Nicht, um uns mit dem Hühnerrupfen eine Freude zu machen, sondern um uns eine großzügigere Lebensart beizubringen. Im Pfarrhaus gab es besser zu essen als daheim, mit mehr Besteck und feiner. Anfangs sind wir ganz verschüchtert dagesessen. Aber der Pfarrer war ein lebenslustiger Mann, er hat Gespräche mit uns geführt, er hat gerne Karten gespielt. Er hat mit den Bauern direkt geredet, mit uns Konversation gemacht. Ich habe ihn nicht als bigotten, sondern als weltoffenen Mann empfunden. Nicht alle Leute im Dorf mochten ihn. Meine Mutter mochte ihn recht gern, mein Vater auch. Ich mochte ihn sehr gern. Er ging dann weg, weil er zu alt geworden war, und wurde irgendwo Frühmesser. Ich habe ihn nur noch selten gesehen. Bei diesem Pfarrer hatte ich übrigens meinen ersten Rausch. Nicht einen richtigen Rausch – mir war sonderbar zumute, nachdem er uns Mohnkrapfen zu essen gegeben hatte. Irgendwie war ich völlig high. Zu der Zeit war ich acht oder neun Jahre alt und verstand den Zustand nicht. Wein hat er uns nicht gegeben, vielleicht einmal ein Schlückchen. Aber diese Mohnkrapfen hatten mir geschmeckt, und ich ging dann nach Hause und war irgendwie euphorisch und wußte nicht, was mit mir vorging. Der Vater ist später draufgekommen und hat mir die Zusammenhänge erklärt.

Dieser Pfarrer war uns also eine Art Freund. Bei ihm sind wir nie aus der Kirche davongelaufen. Wir hatten irgendwie ein gutes Verhältnis zu ihm. Wir kannten ihn persönlich, von gemeinsamen Mittagessen, von Gesprächen. Er kam auch in den Stall, wo wir die Hühner rupften, und sagte: ‚Wie geht es euch, wollt ihr was zu trinken haben?' oder: ‚Soll ich euch die Häuserin schicken, die euch was bringt?' Bei den anderen Pfarrern war das alles viel enger und viel bigotter.

Albus:
Bist du dann irgendwann bewußt aus der Kirche draußen geblieben?

Messner:
Nein, das ging sukzessive, Stufe für Stufe. Am Beginn haben wir die Berge vorgeschoben und sind am Sonntag nicht mehr in die Kirche gegangen. Mit dem Erwachsensein, also mit knapp zwanzig, bin ich kaum noch in die Kirche gegangen. Nur noch zu großen Festlichkeiten, wie zu Weihnachten und an Ostern. Ich würde heute noch ab und zu in einen Gottesdienst gehen, wenn dabei gute Musik gemacht würde und die Stimmung stimmte. Diese Kirchenstimmung finde ich nach wie vor wichtig.

Ich war seit vielen Jahren am Wochenende erstmals wieder in der Kirche, weil Magdalena Erstkommunion hatte. Sie sollte selbst entscheiden, ob ja oder nein. Sie wollte das unbedingt. Magdalena hat also mitgemacht, zuletzt nicht ganz glücklich mit ihrer Religionslehrerin, aber stolz, dabeizusein. Sie fängt zwar an, skeptisch zu sein, hat in der Kirche aber vorgelesen und alles selbstverständlich mitgemacht, auch das mit der Hostie. Ich bin gerade in diesem Punkt der Meinung, daß wir mit diesem Humbug aufhören sollten. Daß man Kindern mit acht Jahren sagt: ‚Das ist das Fleisch und das Blut Christi', geht mir zu weit. Ich habe mir alles kopfschüttelnd angehört. Der Pfarrer war schlecht, in früheren Jahren wäre ich rausgegangen. Wenn meine Tochter nicht dabeigewesen wäre, hätte ich die Kirche verlassen. Man muß sich ja nicht alles gefallen lassen.

Albus:
Ich kann das gut verstehen. Es ist ja in der katholischen Kirche heute umstritten, Kinder so früh mit diesen Dingen zu befassen. Viele sagen auch, was etwa die Firmung betrifft, daß Kinder erst einmal in ein Alter kommen sollten, in dem sie selber Entscheidungen treffen können, daß man das nicht einfach in sie hineinpfropfen soll. Wir beide sind ja auch getauft worden, ohne daß wir danach gefragt wurden. Und wir müssen mit dieser von anderen für uns getroffenen Entscheidung, mindestens vom Kopf her, ein Leben lang umgehen und auch kritisch umgehen. Mir geht es zumindest so.

Messner:
Ich habe mich entschieden, Christus als einen Soziallehrer zu sehen, als einen Menschen, der sich nach Studien eine Lebenshaltung erarbeitet hat, die sozial im weitesten Sinne des Wortes ist. Was nicht über den menschlichen Bereich hinausgeht, könnte heute noch als Basis eines Zusammenlebens Bestand haben. Aber mit dem Glauben, er sei als der Sohn Gottes auf die Erde gestiegen, um sich als Opfer darzubringen, kann ich nichts anfangen. Das glaube ich nicht und will ich auch nicht glauben. Ich werde mich auch nicht bemühen, es zu glauben.

Albus:
Es ist heute unter Exegeten höchst umstritten, daß Christus sich selber als Sohn Gottes bezeichnet hat.

Messner:
Was er selber gesagt hat, wissen wir nicht. Welche Sätze von ihm sind überliefert? Auch geschichtswis-

senschaftlich stehen die lieben Herren Religionsprediger, die ihr „Wissen" verkündigen, auf schwachen Säulen. Ich bin der Meinung: Jesus Christus war ein großartiger Mensch. Vielleicht einer, wie es ihn in den letzten zweitausend Jahren nicht mehr gegeben hat. Er hat offensichtlich die damalige Philosophie, die damaligen Glaubenslehren und Lebenshaltungen gekannt und hat seine damals moderne Lebenslehre erarbeitet. Dabei war er vor allem Sozialdenker, ein Sozialpolitiker hätte er sein können. Wenn man seine Grundgedanken – der neuen Zeit entsprechend – mehr Menschen, andere Konstellationen, andere Problematiken – immer wieder umarbeiten würde, wäre das Christentum eine Basis, mit der zurechtzukommen wäre.

Albus:
Religionen stehen immer in der Gefahr, im Lauf der Zeit zum System zu werden, mit dem auf Menschen Macht ausgeübt wird.

Messner:
Das Christentum wurde von der Amtskirche mehr und mehr als eine Möglichkeit verstanden, Macht auszuüben, und so mehr und mehr instrumentalisiert. Wenn ein Pfarrer, Bischof, Papst Macht ausüben will und weniger dafür da ist, den Leuten das Leben zu erleichtern, steht er auf der falschen Kanzel.

Albus:
Wir erfahren und erleben heute, daß diese Form des Christentums zu Ende geht.

Messner:
Ja sicher, deswegen gehen auch viele Leute auf Distanz zur Kirche.

Albus:
Wir verlassen jetzt langsam deine dörfliche Welt, in der du deine Kindheit und deine Jugend verbracht hast. Wann ist eigentlich diese Welt endgültig auseinandergebrochen, wann hast du dich aus dem Dorf innerlich verabschiedet?

Messner:
Lange Zeit überhaupt nicht. Im Grunde habe ich mich von Villnöß mit vierzig Jahren verabschiedet. Als ich nach Juval umzog. Ich wußte, daß ich weggehen würde, und ich habe mich langsam auf diesen Schritt vorbereitet. Ich bin auch nicht in Groll oder im Unglück gegangen, ich hatte nur gemerkt, Villnöß war nicht mehr meine Welt.

Mein Weggehen fand in vielen Etappen statt. Ich bin viel länger als ein normaler Bursche, der in die Oberschule sollte, daheimgeblieben. Meine Mutter wollte, daß wir alle in die Oberschule gehen. Und sie hatte damit hundertprozentig recht. Wir hatten ja keinen Bauernhof daheim als Existenzsicherung. Und die Geflügelfarm war eine relativ bescheidene Angelegenheit. Ja, ich hätte ein Handwerk erlernen können. Aber meine Mutter war diejenige, die darauf drängte, daß jeder in der Schule etwas lernt! Nachdem wir nur den Kopf zur Verfügung hatten – also kein Land, kein Kapital, kein Handwerksgerät, kein Vieh, kein Feld –, mußten wir unser Können lernen. Diese Erkenntnis war Mutters Verdienst.

Genau zu dem Zeitpunkt, als ich weggehen sollte,

von der Volksschule in die Mittelschule, ist mein Vater für ein paar Monate in die Lehrerbildungsanstalt gegangen. Er hat ein Jahr lang als Hilfslehrer ausgesetzt, um die Lehrermatura nachzuholen, die er durch die Holzfällergeschichte mit seinem Vater und den Krieg versäumt hatte. Nach dem Krieg war in Südtirol ganz plötzlich die deutsche Schule wieder möglich geworden. Auch weil die Wehrmacht, die 1943 Italien besetzt hatte, die deutsche Schule sofort wieder einführte. Wir hatten ja kurzfristig, 1943 bis 1945, deutsche „Besatzer" im Lande. Die Schule ist zum Glück deutsch geblieben. Die Verträge nach den Weltkriegen garantierten uns die deutsche Schule. Aber es gab zu wenig deutsche Lehrer. Lehrer waren in der Faschistenzeit nicht oder kaum noch ausgebildet worden, als es in Südtirol nur italienische Schulen geben durfte. 1945 plötzlich waren all jene, die einmal in irgendeiner Oberschule gewesen waren, als Volksschullehrer gefragt. Mein Vater wurde so Lehrer und war ein sehr guter Lehrer. Ich glaube, er war einer der besten Lehrer in Südtirol damals, obwohl genaugenommen nur Hilfslehrer. Er hatte großes Talent, Bauernkinder – er selber war eines gewesen – mitzunehmen in den Lernstoff, zu packen mit Geschichten. Die Schüler waren bei ihm immer aufmerksam; nicht nur, weil er streng war, sondern auch, weil er gut vortragen konnte. Er konnte alles so gut erklären, weil er in die Köpfe der Kinder einsteigen konnte. Er kannte die Struktur jedes einzelnen Kinderhirns und wußte, dieses versteht es so und jenes anders. Wir waren damit alle irgendwie prädestiniert, selbst wieder Lehrer zu werden.

Es kam eine Zeit, Ende der fünfziger Jahre, in der unter diesen Hilfslehrern Ängste aufkamen: Alle Supplenten – so nannten sich diese nichtausgebildeten

Lehrer – würden langsam ersetzt durch Lehrer aus der Stammrolle. Deswegen ging mein Vater in die Lehrerbildungsanstalt, um das Lehrerabitur nachzuholen. Das war wieder seine Vorsicht, die Angst, etwas nicht richtig zu machen. Er hätte es nicht machen müssen. Später hat man allen Supplenten ihr Abitur „geschenkt". Niemand konnte das wissen, und deshalb mußte ich daheim bleiben, um die Geflügelfarm zu führen, während Vater in Meran war. Das heißt, ich ging weiter zur Volksschule, wo alles nochmals durchgekaut wurde, und betreute ein Jahr lang die Geflügelfarm daheim. Ein Jahr später als die anderen kam ich in die Mittelschule nach Dorf Tirol bei Meran, in ein Heim für Priesternachwuchs. Es gab damals in Südtirol für Dorfkinder fast ausschließlich Priesterseminare zum Weiterlernen nach der Volksschule, wie im Mittelalter. Ich kam also nach Dorf Tirol. Dort war schon mein älterer Bruder gewesen, und dahin kam dann auch mein jüngerer Bruder. Das war ein Jahr später, obwohl er zwei Jahre jünger als ich war. Erich, der dritte Bruder, kam später auch dorthin, alle ins gleiche Priesterseminar. Ich fühlte mich dort wohl, obwohl die Sonntagsmesse vorgeschrieben und sogar tägliche Gebete Pflicht waren. Ich wußte: das war nur ein Dreijahresaufenthalt. Gelernt wurde viel. Wir haben das Doppelte von dem gewußt, was heutige Mittelschüler lernen. Mein Latein habe ich aus dieser Zeit, in Mathematik hatten wir ausgezeichnete Lehrer, es wurde viel gespielt. Daß ich zu denen gehörte, die von vornherein nur im Seminar waren, um in ein Gymnasium zu gehen, hat der Direktor akzeptiert. An Weihnachten und Ostern fuhren wir nach Hause, in den Sommerferien haben wir daheim die Geflügelfarm weitergemacht.

Nachdem ich mit der Mittelschule fertig war und gut in Mathematik gewesen war, wurde ich in die Geometerschule geschickt, die damals relativ neu war. Geometer ist ein Techniker, der vermessen, kleine Brücken und Häuser bauen darf. Die Geometerschule entsprach einer bescheidenen Ingenieur-Architekten-Ausbildung. Diese Schule habe ich vier Jahre lang nicht mit Begeisterung, aber mit Pflichtgefühl besucht. Im letzten Jahr aber nicht nur ohne Begeisterung, sondern auch gegen den Widerstand einiger Lehrer und aller Obrigkeiten. Und so sollte ich das Glück haben, das Abitur zweimal machen zu dürfen. Nur weil mich der eigene Lehrer beim Abitur durchfallen ließ. Wir hatten per Gesetz, neben einem Klassenlehrer, nur Fremdlehrer bei den Prüfungen. Ich hatte mir gesagt, bei den fremden Lehrern entscheidet sich, wie gut ich bin und nicht, ob die mich mögen oder nicht. Aber der einzige Lehrer, der aus unserer eigenen Schule war, der uns eigentlich hätte verteidigen sollen, ließ mich – wohl auch aus Rache – durchfallen. Damals hat es mich so geärgert, daß ich nicht weiter in die Schule ging. Damit fing meine Revolution an, nicht dem Dorf gegenüber, nicht der Familie gegenüber, sondern dem System gegenüber.

Ich hatte im letzten Schuljahr angefangen, extrem zu klettern. Mit einem Versuch, die Matterhorn-Nordwand im Winter zu machen, verlor ich eine Woche Unterricht. Bis dahin war ich ein guter Schüler gewesen. Ich war sehr gut in Deutsch, hatte schon einige Aufsätze veröffentlicht. Ich kam also zurück von der Matterhorn-Nordwand, die wir nicht geschafft hatten, weil es mitten in der Wand zu schneien begonnen hatte. – Ich war damals einundzwanzig Jahre alt, im Grunde zu alt für einen Abiturienten und hatte mir wirklich die Zehen angefroren. Ich wußte, ich durfte nicht in die Schule zurück, ohne ärztliches Attest. Wer fünf Tage fehlte, wurde ohne ein ärztliches Zeugnis aus der Klasse ausgeschlossen. Für mich kein Problem: Ich holte mir wegen der erfrorenen Zehen ein ärztliches Zeugnis und ging damit zum Direktor der Schule. Er schaute es an und sagte nur ‚okay', und ich ging in meine Klasse. Die erste Stunde Deutsch. Im Jahr vorher hatte ich beim gleichen Lehrer die bestmögliche Note gehabt, war sein „Lieblingsschüler" gewesen – und jetzt fragt der mich: ‚Wo waren Sie?' Meine Antwort: ‚Das geht Sie nichts an. Ich habe bei der Direktion ein ärztliches Zeugnis abgegeben.' Daraufhin hat er mich eine Stunde lang damit gequält, ich sollte vor der Klasse von meinem Trip zum Matterhorn erzählen. Ob er zu faul war, zu unterrichten, oder nur neugierig, weiß ich nicht. Jedenfalls habe ich nicht mitgespielt, und er hat mir deswegen einen Eintrag in mein Schülerheft verpaßt. Solche Rügen mußten von den Eltern unterschrieben werden. Ich aber war ja schon einundzwanzig Jahre alt, also volljährig. Ich habe dieses Heftchen also mitgenommen auf meinen Platz, selber unterschrieben und gleich wieder vorgelegt. Damit fing ein Krieg an, der ein halbes Jahr lang dauern sollte. Mein Deutschlehrer hat mir nur noch negative Noten gegeben, und ich habe ihm gesagt: ‚Herr Professor, wenn Sie mir nur negative Noten geben, machen Sie nicht mich lächerlich, Sie machen sich selber lächerlich, denn Sie haben mir ein Jahr vorher die besten Noten gegeben.'

Albus:
Das hat ihn natürlich mitten ins Herz getroffen.

Messner:
Ich kann doch innerhalb eines Monats das Schreiben nicht verlernen! Ich schrieb keine schlechteren Aufsätze als ein Jahr vorher. „Entweder Sie haben sich voriges Jahr getäuscht, oder Sie täuschen sich jetzt", sagte ich meinem Lehrer. Wer glaubt, er hätte sich nicht an mir gerächt, hat sich getäuscht.

Wenig später – derselbe Lehrer hat auch Geschichte gegeben – prüfte er mich in Geschichte etwas, was wir gar nicht durchgenommen hatten. Ich bekam die schlechteste Note, die es überhaupt gab. Meine Antwort dazu: „Herr Professor, wenn es Ihnen Freude macht, können Sie mir ab jetzt, vom ersten bis zum letzten Tag des Schuljahres, solche Noten reinschreiben, mir soll es völlig gleichgültig sein." So setzte sich dieser „Krieg" fort, und ich wußte: Dieser Deutschlehrer macht mir beim Abitur keine Probleme, weil ich ihn beim Abitur nicht haben werde. Dieser Deutschlehrer aber hat die anderen Lehrer aufgehetzt, und es kam zu einem Showdown mit jenem Lehrer, den wir beim Abitur haben würden. Ich war in seinem Fach nicht mehr so gut wie früher. Während einer Klassenarbeit zum Ende des Jahres sagte er zu mir: ‚Was ist eigentlich los mit Ihnen? Was machen Sie, warum haben Sie sich so verändert?' Ich entgegnete: ‚Sie werden sich doch nicht von diesem Professor Zani', so hieß mein Deutschlehrer, ‚beeinflussen lassen.' Damit war das Abiturteil gesprochen: Nicht reif!

Albus:
So hast du dich Stück um Stück vorgearbeitet.

Messner:
Und es kam zum Abitur. Ich habe in Deutsch die beste Arbeit geschrieben, und der Deutschlehrer, der mich zu prüfen hatte, fragte am Ende der mündlichen Prüfung: ‚Herr Messner, ich verstehe nur eines nicht: Wie können Sie mit einer so schlechten Note in Deutsch antreten?' Und ich habe geantwortet: ‚Das müssen Sie nicht mich fragen. Das weiß Dr. Zani besser.' Ich bekam trotzdem die beste Note in Deutsch. Durchfallen lassen hat mich nur mein eigener Lehrer, der gegen alle stimmte, als es in einem fremden Lehrergremium um ‚reif oder nicht' ging. Ich konnte im Herbst Nachprüfung machen. Ich sollte wohl einen „Dämpfer" bekommen und im Sommer lernen. Ich bin dann den ganzen Sommer über klettern gegangen, habe große Touren gemacht und die Nachprüfung vergessen. Im Herbst, eine Woche vor der Prüfung noch, war ich in Chamonix und habe dann den Walkerpfeiler geklettert, eine Art Reifeprüfung für den Alpinisten von damals, die „größte" Granittour der Alpen. Wir haben länger gebraucht als geplant – nicht einen, sondern drei Tage, so vereist war der Fels –, und ich kam zur Nachprüfung beinahe zu spät. Meine Hände waren verkratzt, das Gesicht sonnenverbrannt. Der Lehrer, dieser eine Lehrer, geht durch die Bänke und sagte zu mir: ‚Sie sind wieder klettern gegangen.'

‚Das ist hoffentlich mein gutes Recht!' Also fiel ich durch die Nachprüfung. Ich wußte noch nichts von diesem „Glück", fuhr nicht nach Bozen, um die Noten anzuschauen, weil ich wenig Zeit hatte, weil daheim gerade ein Geflügelstall umgebaut wurde in diesen Tagen. Aber ein Mitschüler, der die Nachricht brachte, daß ich auch diesmal durchgefallen war, kam nach Hause zu meinem Vater und erzählte: ‚Der Reinhold ist durchgefallen.' Der Vater kam also wutentbrannt in den Geflügelhof – ich hatte gerade den Hammer in der Hand, um einen Nagel einzuschlagen – und schrie mich an: ‚Nicht, daß du glaubst, du bekommst von mir je noch eine Lire, um weiterzulernen. Du hast dir dein Leben selber versaut.' Ich kniete in seinem Hühnerstall, nach fünfzehn Jahren unbezahlter Arbeit und habe nur zugehört. Dann habe ich den Hammer hingelegt – den letzten Nagel habe ich nie mehr reingeschlagen –, fuhr weg und kam nicht mehr wieder. Von diesem Augenblick an habe ich nie mehr regelmäßig daheim gewohnt und nie mehr Hühnerställe ausgemistet.

Albus:
Du bist einfach abgehauen?

Messner:
Mein ältester Bruder, Lehrer von Beruf – es war ja vierzehn Tage vor Schulbeginn –, hat mir in Eppan bei Bozen ein Zimmer und eine Stelle an der Mittelschule verschafft. Ich wurde also Mittelschullehrer, wie mein Vater Supplent. Es war gerade die Zeit, als die öffentliche Mittelschule eingeführt wurde. Es sollte nach fünf Jahren Volksschule eine dreijährige Pflicht-Mittelschule geben und damit die Möglichkeit zur Oberschule. In Südtirol waren 1000 Lehrer zu wenig. Jeder, der studierte, durfte Mittelschullehrer werden. Mein Bruder kannte die Direktorin, und diese mochte auch unseren Vater und wußte, daß wir eine Ader hatten beim Unterrichten. Also wurde ich genommen: ‚Du hast zwar nicht einmal Abitur, aber wir brauchen alle. Du kannst Mathematik bei uns unterrichten.' Mein Lehrergehalt war bescheiden, aber ich konnte

auch Vorträge halten und Geschichten schreiben. Ich habe dann, weil man einen Turnlehrer suchte, ein paar Stunden Turnen dazugenommen und war ausgelastet. So habe ich meine Lehrertätigkeit angefangen.

Nach zwei Wochen rief mich der Direktor der Geometerschule an, der mich mochte. Er bat mich, zu ihm zu kommen. Ich bin also nach Bozen gefahren. Mein ehemaliger Direktor hat mich eine Stunde lang bearbeitet und gesagt: ‚Seien Sie vernünftig, machen Sie das Jahr nach. Wenn Sie es wirtschaftlich nicht schaffen, werden wir eine Lösung finden. Es gibt ja Stipendien. Wenn Sie das Abitur nachholen wollen, geht das nur mit der Wiederholung des letzten Schuljahres. Als Privatist haben Sie keine Chance.' Ich habe ihn reden lassen und am Ende gesagt: ‚Es ist sehr nett, daß Sie das alles für mich tun, aber Ihre Schule brauche ich nicht. Nicht mehr. Zu spät. Ich werde mich schon irgendwie durchschlagen.'

Albus:
Hast du, wenn du zurückschaust auf deine Kindheit und deine Jugend, auf den stufenweisen Abschied vom Dorf, am Ende ein bitteres Gefühl?

Messner:
Nein, ein schönes Erinnern. Mit dem Dorf hatte ich keine Probleme. Im Dorf hatte ich nach wie vor meine Kletterkameraden, die gesagt haben: ‚Das ist doch alles nicht so schlimm!' Die hätten mir das Abitur zwar vergönnt, aber es waren alles junge Burschen, die nicht studierten, denen war es relativ gleichgültig, was ich sonst so tat. Wir kletterten zusammen. Ich habe im Dorf weder Häme noch Nachteile gespürt wegen eines nicht bestandenen Abiturs. Immer noch

kannte ich alle Leute, war integriert. Es war aber klar, daß ich in diesem Dorf meinen Beruf nicht würde ausüben können. Eine Mittelschule gab es in Villnöß nicht, also hätte ich dort auch nicht unterrichten können.

Ich war also in Eppan. Der Zufall und mein älterer Bruder hatten mir die Stelle verschafft. Meine Kontakte waren bescheiden. In diesem Jahr als aktiver Lehrer bin ich mehr denn je geklettert. Ich hatte ein gutes Verhältnis zur Sekretärin, die mir insofern geholfen hat, als sie mir einen Stundenplan zusammenbrachte, der mir Samstag, Sonntag und Montag schulfrei gab. Lange Wochenend-Touren waren möglich, und ich lernte, um das Abitur nachzuholen. Ich mußte in allen Fächern, über alle fünf Jahre, maturieren und schaffte das Abitur trotzdem.

Weil meine Mitschüler, die guten, alle zum Studium auf verschiedenen Universitäten waren und ich ein Nachholbedürfnis hatte, habe ich mich sofort nach dem Abitur auf die Uni gestürzt, obwohl ich eigentlich gar nicht wollte. Das war sicher ein Fehler. Schon das Abitur hatte ich nur nachgemacht, um eine Scharte auszuwetzen. Ich brauchte es nicht. Mich hat aber gestört, daß ich gescheitert war. Ich habe zwanzig Jahre noch davon geträumt, durchs Abitur zu fallen. Ich war mir zu sicher gewesen, die Prüfung zu schaffen. Heute weiß ich: Dieses Scheitern war wichtig. Mit dieser Konstellation habe ich mich selbständig gemacht im Kopf, abgenabelt von daheim, gegen Obrigkeiten durchzusetzen gelernt. Ich ging zu niemandem betteln, ließ mich von keiner Instanz mehr gängeln. Dieses Ich-werde-mich-immer-Wehren habe ich damals gelernt. Und gerade das möchte ich auch meinen Kindern beibringen. Sich zu wehren gegen Ideologien, Obrigkeiten, Vorurteile – immer von Menschen gemacht – macht den Menschen aus.

Albus:
Würdest du dich selber als Anarchist bezeichnen?

Messner:
Ja, ich bin im tiefsten Sinne des Herzens ein Anarchist. Keine Macht für niemand! Anarchismus hat nichts damit zu tun, daß Leute mit Gewalt um sich schlagen, wie das Russen im letzten Jahrhundert getrieben haben. Anarchismus heißt nicht: ich bringe den König um oder ermorde den Präsidenten. Ganz im Gegenteil. Anarchismus heißt nur: Niemandem wird Macht gegeben! ‚Keine Macht für niemand' heißt, niemand hat welche zu vergeben, auszuführen, sich ihr unterzuordnen. Nicht nach oben buckeln und nicht nach unten treten! Dieser Status ist mir ganz wichtig. Die Grundidee des Anarchismus – keine Macht wird ausgeübt – ist schön, leider nicht brauchbar in großen Gruppen von Menschen.

Albus:
Anarchismus heißt Herrschaftslosigkeit ...

Messner:
Ja, und vielleicht können wir, früher oder später, lernen, die Macht nicht mehr zu verteilen, wie wir es gegenwärtig tun; aber ohne sie zu delegieren, wird ihre Eigendynamik unkontrollierbar.

Albus:
Jedes Kind hat am Anfang ganz bestimmte Lieblingsberufe, die es erträumt. Daran kann man ja auch eine

Richtung ablesen, die man seinem Leben geben will. Ich wollte unbedingt Lokomotivführer oder Bergbahnführer werden. Hast du auch solche ähnliche Lieblingsberufe gehabt?

Messner:
Abgesehen von einer bäuerlichen Vision meines Lebens, die ja auch praktisch erfahren war, hatte ich konkret keine Berufsvorstellungen. Aber ich hätte, wenn ich gekonnt hätte, mit dreizehn, vierzehn, fünfzehn Jahren von dem Leben geträumt, das ich heute führe. Zum Glück war ich damals schon Realist genug. Nicht nur, weil der Vater bremste oder die Brüder sagten: ‚Davon kann man nicht leben', ging ich weiter zur Schule. Ich wußte selber, daß es einen Berufsabenteurer nicht geben kann. Es gab keine Vorgaben, es gab kaum Beispiele dafür. Einfach auf Berge steigen und irgendwie davon leben ginge nicht. Zu diesem „Beruf" bin ich im Verlauf eines halben Lebens gekommen. Ausgehend vom Abitur. Trotzdem habe ich ein Jahr lang studiert. Anschließend habe ich ein Jahr lang unterrichtet und gleichzeitig studiert, weil ich zum Nanga Parbat wollte, unbedingt, koste es, was es wolle. Ich mußte mein Jahresgehalt, das ich damals als Lehrer hatte, in die Expeditionskasse einzahlen. Das ging nur, wenn ich unterrichtete und mir den Lebensunterhalt als Bergführer verdiente. Ich war als Bergführer recht erfolgreich in diesen Jahren, habe erste Vorträge in Deutschland gehalten, obwohl ich ein junger Kerl war.

Nach dem Nanga Parbat dann, nach dem Tod meines Bruders Günther, bin ich ein letztes Mal auf die Uni in Padua zurück und habe nochmals vier Monate lang als Lehrer gearbeitet. Ich hatte ja kein Geld mehr, keinen Beruf, keine Bleibe. Auch die Zehen fehlten. Ich hätte damals – inzwischen fünfundzwanzig – zum Vater gehen können, er hätte mir sicher geholfen. Aber ich wollte nicht. Nach einem halben Jahr habe ich die Mittelschulstelle gekündigt und das Universitätsstudium aufgegeben. Ich war unglücklich mit diesem Doppelleben und bald eindeutig verliebt. Ich hatte Alpträume aus Zahlenreihen gemacht und Tagträume aus Bergen und einer Frau. Alles das ging durch das Gehirn, und ich habe in den Tag hineingelebt. Das konnte ich nur dank dieser Frau, die dann meine Frau wurde. Sie gab mir, viel mehr noch als meine Mutter, die Sicherheit, in mein Leben aufzubrechen. Damals, in dieser starken Beziehung und meiner Begeisterung für das Bergsteigen, wurde ich Profi. Ganz sachte habe ich also angefangen zu tun, was ich heute noch mache. Innerhalb von fünfundzwanzig Jahren, mit relativem Erfolg gewachsen, ist ein neuer Beruf entstanden. Weltweit sind es heute vielleicht zweihundert Leute, die diese Art von Beruf ausüben.

Albus:
War dir in der Jugendzeit Einsamkeit vertraut?

Messner:
Nein – ich habe heute Schwierigkeiten mit der Einsamkeit. Aber in meiner Kindheit und Jugend gab es Einsamkeit nicht für mich, sie konnte also kein Problem sein. Wir waren immer ein Haufen spielender Kinder, Bergsteiger, Familie. Ich hatte auch in meiner kritischen Zeit – ich nenne es heute die Radikalkur des Abnabelns – mit der Mutter ein gutes Verhältnis und mit ein paar Brüdern. Mit Günther, zum Beispiel, hatte ich vom sechzehnten Lebensjahr an nicht nur

ein brüderliches, sondern auch ein freundschaftliches Verhältnis. Das heißt, wir haben die gleichen Träume geträumt, wir haben uns oft getroffen. Also nie das Gefühl der Einsamkeit. Deswegen habe ich mich später bei den Versuchen, mir selber zu beweisen, daß ich es auch allein kann, gar nicht leichtgetan. Für mich ist es sehr schwierig, irgendwo am Ende der Welt, monatelang allein zu sein. Und ich habe fürchterlich darunter gelitten, als sich meine Frau 1977 von mir scheiden ließ. Heute bin ich ein älter werdender Herr und habe keine Probleme, auch alleine zurechtzukommen. Ich erträume mir dann und wann sogar ein Leben in der Abgeschiedenheit. Trotzdem, ich habe kleine Kinder, viele Kontakte und kenne Gott und die Welt. Ich habe also umgekehrt ein Problem. Es kommen oft so viele Leute auf mich zu, daß ich überall abschotte, zusperre und sage: ‚Ich will in Ruhe für mich allein denken oder gehen oder schreiben können.' Ich komme zu nichts mehr, wenn ich immerzu nur antworte. Ich habe also kein Telefon mehr. Ich mache das sogenannte Gesellschaftsleben nicht mehr mit. Wenn ich alle Einladungen annehmen würde, wäre ich nur noch irgendwo und nicht mehr bei mir. Die Zeit, die bleibt, möchte ich guten Freunden widmen.

Albus:
Was hast du denn empfunden, als die Mutter starb?

Messner:
Da war die Erkenntnis einer Notwendigkeit. Ihr Tod war für mich eine relativ sachliche Erfahrung. Die Mutter hat bis zum Sommer 1995 ein sehr gesundes Leben geführt. Es ging ihr, mit wenigen Unterbrechungen, gut. Vor zehn Jahren gab es ein Problem mit

ihrer Lunge. Hubert, der Arzt, hat es rechtzeitig gemerkt und eine Kur eingefädelt. Dann bekam sie einen Herzschrittmacher. Im Frühsommer 1995 ist sie dann hingefallen und hat sich das Becken gebrochen. Davon hat sie sich nicht mehr ganz erholt, aber doch wieder einigermaßen. Wir waren schon sicher, daß es wieder geht – sie hätte auch 90 Jahre alt werden können –, da ist sie beim Kirchgang zusammengebrochen. Wahrscheinlich hatte sie sich überanstrengt – ein Gehirnstillstand war die Folge. Dabei hätte sie sterben können oder müssen. Es wäre ein abrupter Tod für sie und eine harte Erfahrung für uns gewesen. Hubschrauberrettung und moderne Medizin haben ihr Leben verlängert. Sie ist aber nie mehr zu sich gekommen. Wir wußten, sie hat nichts mehr vom Leben und bangten alle Tage: Stirbt sie, stirbt sie nicht? Wir alle leben auf Abruf. Mir ist es gelungen, die Mutter so in Erinnerung zu behalten, wie sie vorher war. Ich besuchte sie mit der Vorstellung: Das ist nicht mehr die Mutter, das ist die Endphase eines Lebens, die sie nicht verdient hat. Aber sie hat auch nicht darunter gelitten. Sie starb für mich in Frieden.

Albus:
Aber sie war doch jemand, mit dem du ein ganz tiefes Verhältnis, eine ganz tiefe innere, eine innige Beziehung hattest. Empfindest du so etwas wie Trauer, daß sie nicht mehr da ist?

Messner:
Nein. Ich habe ein gutes Erinnerungsvermögen. Sie ist in mir lebendig mit ihrem Geist, ihren Augen, ihrer Wärme. Daß die Mutter früher oder später stirbt, muß so sein. Es ist selbstverständlich. Man hat mir

unterstellt, ich hätte eine krankhafte Mutterbeziehung gehabt. Mein Verhältnis zur Mutter war ganz normal, selbstverständlich. Natürlich bin ich traurig dann und wann, wäre froh, wenn sie noch da wäre, wenn ich sie mit einbinden könnte. Aber sie ist nicht mehr da. Mindestens nicht in einem greifbaren Zustand des Daseins. Sie hat das Leben, gerade in den letzten zehn Jahren, im breitesten Spektrum gelebt. Ich sage absichtlich nicht: genossen, denn im hohen Alter wird das Leben-Genießen schwierig. Sie hat fast bis zum Ende alles selber gemacht: selber eingekauft, gekocht, gelesen. Sie war im Dorf eingebunden, die Brüder haben sie mehr und mehr besucht. Jeder von uns hat sie besucht, so oft er konnte. Ich weniger als früher. Früher, bis zum vierzigsten Lebensjahr, als ich in Villnöß ein eigenes Haus hatte – von 1973 bis 1985 –, ging ich sie täglich besuchen, wenn ich da war. Zwischen einer Buchseite und der nächsten ging ich mit ihr einen Kaffee trinken oder reden, meistens beides. Sie wußte, daß ich komme, wenn ich daheim bin. Und wenn ich nicht kam, wußte sie, daß ich weg war. Ich sagte ihr, wenn ich Vorträge hielt oder auf Expedition ging. In dieser Zeit hatten wir das bestmögliche Verhältnis zueinander. Später hat sie ein bißchen darunter gelitten, daß ich nicht alle Tage kam. Sie hat es verstanden, daß ich zwischen einer Buchseite und der nächsten nicht von Juval nach Villnöß fahren konnte. Aber es kamen andere Brüder, Hubert hat die Rolle des Dauergasts übernommen. Er fuhr mindestens einmal in der Woche zu ihr. Durch ihre vielen Kinder ergab sich doch wieder die Situation, daß fast täglich einer vorbeikam.

Albus:
Was verdankst du deiner Mutter besonders?

Messner:
Mehr als allen anderen verdanke ich ihr, daß ich heute der bin, der ich bin. Ich wünsche mir, daß meine Frau unsere Kinder so lebensfroh erzieht, wie es unsere Mutter mit uns getan hat. Über alle Armut und Schwierigkeiten hinweg. Sabine macht ihren Teil mit den Kindern instinktiv gut. Sie hat nie Pädagogik studiert, und doch sehe ich, wie lebensfroh die Kinder sind. Magdalena, unsere Tochter, hat viel von meiner Mutter, von ihrer herzlichen, frohen Art. Ohne intellektuell zu sein, kann sie aus sich heraus froh sein. So war meine Mutter. Sie hat, wenn es nicht mehr zu gehen schien, die Dinge einfach auf sich zukommen lassen – und immer ging es weiter. Ihr Lieblingsspruch war denn auch: ‚Es wird schon gehen.' Immer wenn es Probleme gab, mit den neun Kindern, oder auch zwischen Mann und Frau, oder in der Geflügelfarm, oder im Dorf, oder in der Konstellation Dorf/Familie löste sie diese in Gottvertrauen. Auch dann, wenn mir eine Expedition nicht gelungen war, sagte sie: ‚Beim nächsten Mal wird es schon gehen.' Da waren ihr großes Gottvertrauen und ihr Glaube an das Gute im Menschen.

Albus:
Das ist doch im Grunde wahre Religion.

Messner:
Ja, eine recht vernünftige Religion. Das gilt auch für mich. Es nützt nichts, durchzudrehen und hysterisch zu werden, wenn es nicht mehr zu gehen scheint.

Dann ist gerade wichtig, ruhig zu bleiben, Harmonie, Gleichgewicht zu bewahren, alles auf sich zukommen zu lassen. Schrittchen für Schrittchen ist alles lösbar.

Albus:
Du hast gesagt, daß du dich schrittweise vom Dorf und damit auch von deiner Kindheit und deiner Jugend entfernt hast. Was waren dann für dich in der Folge, im Fortschreiten, die bestimmenden Dinge? Um ein Stichwort zu nennen: Natur hat für dich eine große Rolle gespielt.

Messner:
Seit meiner frühen Kindheit, und das hat sich nie verändert. Von Kindesbeinen an habe ich in der Natur gelebt. Später bin ich in die große Natur hinausgegangen, in die immer wildere Natur, in die von den Menschen nicht berührte Natur. Als Bub dorthin, wo die Almen aufgehört haben, dann durch die Schluchten, mit achtzehn, zwanzig Jahren wurde es für mich eine Art innerer Notwendigkeit, dorthin zu gehen, wo die anderen nicht waren. Und weil meine Fähigkeiten als Kletterer zunahmen, war es bald selbstverständlich, daß ich immer steilere Wände suchte. Dort kamen die Massen der Touristen nicht hin.

Bis fünfzehn, sechzehn Jahren war ich ein naiver Bergsteiger, der kletterte, wo man gerade noch hinaufklettern konnte. Die ehrgeizigen Zielsetzungen fingen mit achtzehn, zwanzig Jahren an. Ich wollte Wände klettern, die andere geklettert hatten oder nicht klettern konnten. Ich wollte neue Routen klettern, die schwieriger waren als das bis dahin Gekletterte. Ich wollte mit weniger Haken auskommen als meine Vorgänger, schneller sein als sie. Mit dreiundzwanzig, vierundzwanzig Jahren hatte ich erkannt, daß das Ausgesetzt-Sein in der wilden Natur Grundvoraussetzung für meine Art des Erlebens war. Wo Helfer, Vorgaben, Technologie fehlten, tat sich mit dem Todesrisiko der Himmel auf. Damals entwickelte ich die Philosophie des Verzichts als eine futuristische Möglichkeit für das Bergerlebnis, die der ältesten entsprach.

Albus:
Was heißt Philosophie des Verzichts?

Messner:
Anfänglich eigentlich nur: freiwilliger Verzicht auf Bohrhaken, auf Sicherungsketten, Fortbewegungshaken. Mit immer weniger Technologie irgendwo hinaufsteigen. Der Gegentrend zur Entwicklung des Menschendaseins. Es ist bis heute meine Haltung beim Abenteuer geblieben. Der Grenzgang ist nur ein Grenzgang, wenn ich auf Technologie verzichte. Natürlich bin auch ich von der Technik abhängig. Ich benütze Ausrüstungsstücke, gefriergetrockneten Proviant, Vitamintabletten. Nie benützt habe ich Bohrhaken, Sauerstoffgeräte und bei den Überquerungen Hubschrauber. Ich werde in der Zukunft noch weiter zurückgehen im Einsatz von Technologie und dafür leichtere Ziele suchen. Der letzte Verzicht wäre das Nicht-mehr-Hinausgehen.

Albus:
Du hast einmal gesagt, daß dein Zugang zu den Bergen ein intuitiv naiver Zugang war oder ist. Ich weiß es nicht, ob er es war oder ob er es noch ist. Ich möchte dieser Frage gern nachspüren. In der Kindheit waren

die Berge einfach da, sie haben dich gereizt, hinaufzugehen, um die abgeschlossene Welt des Tales ein Stück weit zu übersteigen. Aber was treibt dich an zu diesen Spaziergängen in der Senkrechten?

Messner:
Zu den Spaziergängen in der Senkrechten gehört alpinistische Ausbildung und Bildung. Vorher aber bin ich einfach berggestiegen, im mittleren Schwierigkeitsbereich. Nach dem Motto: ‚Da ist noch niemand hinaufgekommen, da waren wir noch nicht, probieren wir es.' Es war ein Suchen und Vorantasten, naives Steigen. Damals wußte ich nicht, daß es eine lange Geschichte des Bergsteigens gibt. Ich wußte mehr oder weniger, wie man ein Seil bedient, aber nicht, wie man eine Erstbegehung angeht, was biwakieren bedeutet. Noch weniger wußte ich, wer die Kletterszene bestimmt. Aber mit zwanzig Jahren wußte ich relativ viel. Im Rückblick kann ich sagen: Ich wußte das meiste. Ich kannte die alpine Geschichte und durchschaute die Entwicklung der sechziger Jahre, an die ich nicht anknüpfen wollte. Ich wußte in der Szene Bescheid. Ich wußte damals ziemlich genau, wer was klettern kann, und ahnte, wo es eventuell hingehen könnte. Natürlich wußte ich auch, welche technischen Hilfsmittel einem Kletterer zur Verfügung standen, ja sogar welche man neu erfinden könnte. In dieser Zeit war ich also kein Naiver mehr, sondern mittendrin in der Szene als stiller Mitmischer. Und natürlich spielte der Ehrgeiz eine wesentliche Rolle. Bald schon sagte ich mir: ‚Was die oder die gemacht haben, mache ich auch.' Ich kannte eine Menge Leute – von Aste zu Hiebeler bis Zambra –, und ich wußte, ich konnte besser klettern als sie, mir fehlte

nur technisches Know-how. Also probiere ich etwas, was die vor mir noch nicht gemacht hatten.

Albus:
Trotzdem, ich frage noch einmal: Was hat dich angetrieben, die glatten Wände hochzugehen?

Messner:
Alles hatte in der Kindheit angefangen. Wahrscheinlich war es meine Geschicklichkeit, die mir Lob einbrachte. Andere, die das gleiche taten, wurden nicht gefördert. Dadurch wuchs natürlich auch die Begeisterung. Und im Moment, als ich mitten in der Bergsteigerszene stand, kam der Ehrgeiz dazu. Die Möglichkeit – ich lebte in den Dolomiten –, die Lust – ich tat nichts lieber –, der Ehrgeiz – ich wollte besser werden – können Berge versetzen. Da war kein hehrer Beweggrund, kein Streben nach Höherem, sondern stinknormale Motivation. Das Erkennen, daß ich gut klettern kann, ging einher mit immer kühnerer Zielsetzung. Selbstverständlich, daß ich mich als Kletterer weiterentwickelte. Fähigkeiten wollen gesteigert werden. Mehr war es wirklich nicht. Mehr ist es erst geworden, als ich – älter geworden – an Geschicklichkeit, Schnellkraft, Reaktionsvermögen verlor. Heute gehe ich in die Berge zum Aufatmen.

Albus:
Wolltest du irgend etwas bezwingen durch das Bergsteigen?

Messner:
Nein, nein, nein! Ich habe es früh schon aufgegeben, „Berge zu bezwingen". Ich habe sie satt, alle diese „Be-

zwinger der Berge", diese „Eroberer des Abgrunds", die Lieder der Bergvagabunden. Mit all diesen Eroberungsklischees habe ich gebrochen, anfangs im Unterbewußtsein, dann rational und gegen die sich aufplusternde Alpenvereinswelt, die mich ablehnt dafür, weil ich ihr immer wieder den Spiegel der Kolonisten vorhalten muß. Ich war einer der ersten, der ‚Sieg' und ‚Eroberung' und die ‚Fahne am Gipfel' verachtete. Ich habe nie eine Fahne auf einen Gipfel getragen und werde von Ideenträgern, Moralhütern und Fahnenschwingern nicht wegen meines Werbewertes angegriffen, sondern weil ich ihre Ideen, ihre Moral, ihre Fahnen von den Gipfeln gerissen habe.

Albus:
Du hast gesagt und geschrieben, daß für dich Bergsteigen so etwas sei, wie ‚mit fliegenden Lungen zu philosophieren'.

Messner:
Das sage ich nach wie vor. Während ich steige, ist es nicht Pflicht, darüber nachzudenken. Vorher oder nachher aber ist das Nachdenken für mich zwingend. Das Rationalisieren, Aufarbeiten des Tuns, findet hauptsächlich nachher statt. Während des Tuns findet nur das Tun statt. Aber gerade in diesen Stunden des Tuns, Schritt für Schritt, in den Minuten der Gefahr vor allem, bin ich die lebendige Antwort auf alle Fragen. Mindestens bei mir ist das so. Beim Unterwegssein bin ich also der Mensch, der mit fliegenden Lungen philosophiert. Ich weiß dann alles. Als ob ich erleuchtet wäre. Dieser Zustand ist nicht allgegenwärtig und verliert sich in eine Tumbheit, wenn ich zu hoch, zu weit, zu schnell gehe. Bin ich aber selbstver-

gessen während des Tuns, erreiche ich diesen Flowzustand. Nachher erst bin ich ein Zweifler. Als Hinterfrager rationalisiere ich selten, was sich während des Tuns so klar ergeben hat. Beim Nichttun ist es sehr schwierig, zurückzukommen in das ganze Körperwissen und zu erkennen: ‚Jetzt weiß ich alles.' Wie oft aber, auch heute noch, wenn ich klettere oder durch den Wald gehe, habe ich das Gefühl: ‚Ich weiß alles.' Dann bin ich sozusagen der liebe Gott – nein, nicht der liebe Gott, Alles und Nichts.

Albus:
Du fühlst dich also, wenn ich richtig verstehe, als ein Mensch, der nur dann wirklich Mensch ist, wenn er sich bewegt?

Messner:
Richtig. Wenn der Affe klettert, ist er nicht weniger Tier. Wir sind Mensch und mehr Tier, wenn wir etwas tun. Ich sage nicht, daß ich nicht Mensch bin, wenn ich rationalisiere. Wenn ich nachdenke, wenn ich schreibe, rationalisiere ich mein Tun. Während des Tuns aber habe ich nicht bewußt nachdenken können, ja gar nicht wollen. Ich habe mich dabei überhaupt nichts gefragt, war nur da, ein Allgefühl, lebendig und nicht gedacht. Dies gilt vor allem, wenn es kritisch wird. Die Höhepunkte in meinem Leben waren Momente des Tuns.

Wer meinen Bergfried auf Schloß Juval anschaut, wo ich eine Bildergalerie gestaltet habe, kann es nachempfinden. Dort habe ich Entwicklung, alpine Geschichte, wie ich sie sehe, Geisteshaltung der Bergsteiger seit fünfzig Jahren in einer ganz bestimmten Weise geordnet: im obersten Stockwerk ist die ‚Tat' untergebracht. Am Anfang und über allem war die Tat, will ich damit sagen.

Ich wehre mich entschieden gegen die Aussage in der Bibel: ‚Im Anfang war das Wort.' Das glaube ich nicht, ich kann es einfach nicht glauben, das glaube ich niemals. Das ‚Wort' ist eine späte Erfindung. Natürlich, um Gott zu postulieren, braucht es diese Aussage ganz einfach: ‚Im Anfang war das Wort.' Damit habe ich mit ‚Gottes Wort' einen Gott, der alles bestimmt. In dieses ‚Wort' ist alles hineingelegt, ohne daß ich zweifeln soll. Nein: ‚Am Anfang war die Tat', so wie es Goethe sagt, ist es für mich richtig. Der Mensch ist durch die Tat zu seinem Menschsein gekommen, er ist vielleicht ein religiöser Mensch geworden durch das Wort. Er ist von den Bäumen heruntergestiegen und aufrecht durch die Savanne gelaufen. Er wurde zum Menschen, weil er getan hat, weil er tun mußte. Säbelzahntiger waren hinter ihm her, Dürre manchmal, Unwetter. Kinder wollten ernährt sein, und es war schwierig, einen Elefanten zu erwischen. Um nicht zu verhungern, zu erfrieren, unterzugehen, mußte der Mensch lernen. So ist der Mensch als ein ungeschicktes Wesen intelligent geworden. ‚Am Anfang war also die Tat.' Dieses Goethe-Zitat ist für mich wie ein Glaubenssatz. Dann erst hat der Mensch angefangen zu fragen: ‚Woher das Ganze, woher die Gesetzmäßigkeiten, woher und wohin?'

Albus:
Du bist aber sicher nicht so arrogant, daß du andere Weisen des Tuns, oder andere Taten, als du sie tust, deswegen in ihrem Wert herabsetzt?

Messner:
Nein, in diesem Zusammenhang ist alles Tun gleichwertig. Von einem ethischen Standpunkt aus gilt dies natürlich nicht. Aber über Moral und Ethik will ich nicht reden. Nur eins: Ich stelle das Tun über das Denken. Eben weil ich der Meinung bin, daß wir durch das Tun mehr erkennen können als durch alles andere. Auch der Künstler, Dichter, Sänger, Maler ist mir am liebsten, während er schaut, singt, malt. Der Maler kann dabei nicht reden, sonst malt er nicht. Wenn er mir nachher sein Bild erklärt, kann das ganz lustig sein, aber es interessiert mich nicht weiter. Mir ist der Bauer am liebsten, wenn er die Felder bestellt. Er darf auch über seine Feldarbeit nachdenken, vorher, hinterher, über alle Zusammenhänge – die politischen, ökologischen, wirtschaftlichen, religiösen –, aber am wichtigsten ist mir der Bauer, während er auf dem Feld arbeitet. Dabei ist er ganz er selber. Und dabei ist ihm auch alles klar. Körper und Gedanke sind eins. Und er weiß, daß er alles weiß. Diese Momente sind die Augenblicke der Erleuchtung. Wenn ich hinterfrage, fange ich an zu zweifeln. Fragen stellen heißt zweifeln. Ich bekomme dann vielleicht Antworten, aber es sind immer nur Antworten aus dem Kopf und nicht Wissen aus meinem ganzen Wesen, aus jeder einzelnen Zelle.

Albus:
Stimmt die Erfahrung wirklich, daß es Augenblicke gibt, in denen wir alles wissen? Ich würde eher dagegensetzen: Ich weiß immer mehr, daß ich immer weniger weiß.

Messner:
Ja, diese Erkenntnis kommt mit dem rationalen Denken, und sie muß deshalb nicht falsch sein. Sie ist völlig richtig. Denn je mehr ich erfahre, je mehr ich nachdenke, je älter ich werde – das Alter spielt dabei eine wichtige Rolle –, um so mehr komme ich darauf, um so klarer wird mir, wieviel ich nicht erfahren, verarbeitet, rationalisiert habe. Mein Wissen ist ein Nichts im Verhältnis zu dem, was ich nicht weiß. Das gilt also auch, je mehr ich tue. Was ich nicht getan habe, habe ich auch nicht hinterfragt, nicht rationalisiert. Rationalisiert heißt auch: aus einem Allwissenszustand herausgeholt und formuliert, in Sprache umgesetzt. Die Sprache ist wesentlich. Die Sprache kommt bei mir nach dem Tun. Aber während ich tue, gibt es diese erleuchteten Augenblicke nach innen, in denen ich ‚es' nicht sage, ‚es' aber weiß. Wenn wir versuchen, uns einen Gott vorzustellen, könnten wir diese Erleuchtung in die Unendlichkeit heben. Er ist Erleuchtung. Was geschieht, wenn ich morgens aus dem Zelt herauskrieche, in großer Höhe vielleicht? Die Sonne geht auf, und ich schaue in die Welt hinaus. All die ängstliche Haltung vor dem Aufstehen – gehe ich hinaus, was erwartet mich? – ist abgefallen. Du bist nur noch da, und alles ist klar. Der Kosmos ist da, du bist da, deine Position ist in dir und im Ganzen. Gedanken gibt es jetzt nicht, überhaupt keine Gedanken mehr, alles ist Selbstverständnis.

Albus:
Das heißt aber, daß du deine Position im Kosmos jeweils neu definieren mußt durch dein Tun?

Messner:
Ja, denn mit dem Denken gelingt es nicht! Beim Tun, ja. Dabei nur überkommt mich Selbstverständnis, das wieder verlorengeht. Das Tun ist nie für immer getan.

Albus:
Und der Mönch, der in seiner Zelle sitzt und meditiert, was tut der?

Messner:
Der Mönch kommt vielleicht beim Meditieren in die gleiche Situation wie ich beim Tun. Er benützt nur eine andere Technik. Darüber habe ich oft nachgedacht. Wenn ich Asiaten beobachte, die mir gut gefallen, staune ich über deren Ruhe.

Ich bin überzeugt davon – kann es aber nicht beweisen, ahne es nur –, daß ein Mönch im Himalaya oder auf dem Berg Athos, der meditiert und sich damit zufriedengibt, aufhört zu denken. Meditation hat zu tun mit leer werden, aufhören zu denken. Er kann einen ähnlichen Zustand der Erleuchtung erleben wie der andere, der tut.

Wir Europäer aber, wir westlichen Menschen sind auf Tat programmiert worden. Die sogenannte westliche Industriegesellschaft ist – auch in ihrem Geschichtsverständnis – tätig, innovativ, auf Wettbewerb angelegt. Aus diesem Tun können wir kaum heraus. Wir brauchen deshalb viel länger als andere, das Meditieren zu lernen. Ich respektiere alle, die sagen: Ich gehe den anderen Weg, und ich gebe natürlich zu: ‚Aktion und Meditation sind entgegengesetzt.' In der Unendlichkeit aber wird die Gerade ein Kreis, also kommen Aktion und Meditation zusammen. Sie sind in den Folgen das Gleiche. Die Geometrie hilft mir, um diese Zusammenhänge zu begreifen. Die Unendlichkeit können wir zwar nicht denken, aber mit Kreis und Gerader läßt sich ein einfaches Bild denken, das schlüssig ist.

Albus:
Ich bleibe deswegen an dieser Geschichte mit der Tat ein wenig hängen, weil sie heute – meines Erachtens durch eine Fehlinterpretation der Bibel – in eine kritische Phase gekommen ist. Wir sind ja drauf und dran, gerade im westlichen Bereich, durch unser Tun unsere Lebensgrundlagen zu zerstören. „Macht euch die Erde untertan" – dieser Satz markiert auch eine grausame Geschichte, die aus einer Fehlinterpretation des biblischen Schöpfungsauftrages entstanden ist.

Messner:
Ich kenne den Schöpfungsauftrag nicht, ein Original gibt es auch nicht. Aber ich kenne die Formulierung: „Macht euch die Erde untertan." Sie ist, in die heutige Zeit gesprochen, ein Verbrechen. Ich behaupte nicht, daß dieser Auftrag immer ein Unsinn war, heute hat er ein gigantisches zerstörerisches Potential. Wir müssen zwar bedenken, daß vor fünftausend Jahren, als die Grundsteine der Bibel gelegt worden sind, die Zahl der Menschen auf der Erde noch unbedenklich war. Sechs Milliarden aber sind wir jetzt. Probleme wie ‚Lehrsätze' sind gefährlich geworden durch diese große Zahl. Das Ende der Menschenzeit beginnt mit einer zu großen Zahl von Menschen. Die Technologie, die sich dieser Mensch erarbeitet hat, die an sich nicht negativ ist, wird bei sechs Milliarden Menschen auf dieser kleinen Erde ein Instrument, das zuletzt die Menschheit selbst zerstört, auslöscht. Die Lebens-

grundlage ist schon verspielt. Ich bin allen Religionen gegenüber skeptisch, die ein für allemal festzementierten Grundsätzen folgen. Eine religiöse Tradition ist für mich nur akzeptabel, wenn sie sich mit der Zeit verändert, wenn sie den gegebenen Umständen Rechnung trägt. Aber ist eine solche Einstellung eine religiöse?

Albus:
... wenn sie sich entwickelt ...

Messner:
... Wenn der Papst immer wieder zitiert: ‚Wachset und mehret euch, und macht euch die Erde untertan' – und dies scheint eines seiner Glaubensbekenntnisse zu sein –, finde ich das zynisch. Konsequent umgesetzt bedeutet es das Ende der Menschheit. Und – schlimmer noch – diese Erde wird dann unmenschlich. Wenn der Papst also für die Bevölkerungsexplosion wirbt, obwohl er wissen müßte, daß die Menschheit auf diese Weise untergeht, finde ich das zynisch.

Albus:
Im Zusammenhang mit diesem Erde-untertan-Machen wird ja auch ein Verständnis vom Menschen offenbar, in dem er sich als ‚Krone der Schöpfung' versteht. Ich vermute, daß in dieser Interpretation der entscheidende Fehler liegt. Der Mensch hat sich an die Spitze der geordneten Natur gesetzt und regelt alles von oben her. Heute greift, langsam, aber stetig, ein Verständnis vom Menschen Platz, in dem er sagt: ‚Ich bin ein Teil von allem und habe, als Teil, eine ganz bestimmte Aufgabe während der Zeit meines Lebens.' Wie siehst du dich als Mensch im Kosmos?

Messner:
Der Mensch benimmt sich nach wie vor so, als sei er die ‚Krone der Schöpfung'. Oder zweifelt jemand daran? Wir könnten wahrscheinlich auch nicht überleben, wenn wir uns nicht als ‚Krone der Schöpfung' ansähen. Im Laufe von Jahrhunderttausenden sind wir zur Leitfigur geworden, machen, bestimmen, kontrollieren alles. Wir sind vordergründig den anderen Lebewesen überlegen, zum Teil durch unsere Intelligenz, und in jüngster Zeit, dank der großen Zahl, der Technologie, gespeichertem Wissen, Physik, Chemie, Biologie …

Der Mensch ist zweifellos die bestimmende Energie auf dieser Erde. Daran können wir nicht vorbeisehen. Wir werden auch nicht hergehen und fünf Milliarden Menschen sterben lassen, um jenen, die zufällig überlebt haben, eine lebenswertere Erde zu hinterlassen. Wenigstens für eine Zeitlang. Wir brauchen jetzt eine Lebenshaltung, die ohne die Einbildung, wir seien die ‚Krone der Schöpfung', auskommt. Die Ansätze, um die Wir-sind-wir-Haltung umzukehren, sind verschwindend gering. Eine Unterordnung unter die Natur wird sich bei der Mehrzahl der Menschen nie durchsetzen. Leider.

Albus:
Aber der Mensch ist doch das einzige Wesen, das seine Situation begreifen kann, das, zum Beispiel, den Tieren voraus hat, daß es weiß, daß es sterben muß. Ich glaube nicht, daß ein Tier weiß, daß es sterben muß.

Messner:
Das wissen wir zwar nicht, aber viele Menschen tun auch so, als ob sie ewig lebten. Ob und wie weit Tiere

ein Selbstbewußtsein haben, kann ich nicht sagen. Daß wir uns allerdings bewußt sind, wer wir sind, bezweifle ich. Können wir uns wirklich mit unseren Möglichkeiten in diesem Kosmos einordnen? Zeitlich, global und räumlich? Es scheint, daß Tiere unser Selbstbewußtsein nicht kennen. Und doch sind Tiere, Schimpansen zum Beispiel, dem Menschen sehr ähnlich. Ich schließe nicht aus, daß in absehbarer Zeit Affen ähnlich denken können wie Menschen. Vielleicht müssen wir ihnen nur auf die Sprünge helfen. Vielleicht können sie ihr Selbstwertgefühl nur nicht ausdrücken. Wenn ich Tiere beobachte, habe ich das Gefühl, daß sie miteinander kommunizieren, daß sie sich und uns verstehen. Sie haben ihre Sprachen und viele andere, emotionale Äußerungsmöglichkeiten. Wenn ich lieb zu einem Tier bin, ist das Tier auch lieb zu mir. Das gilt zwar nicht für einen hungrigen Eisbären, aber für Katzen. Irgend etwas geht über das rein Animalische hinaus. Das, was nur wir Menschen uns zuschreiben, gehört uns nicht exklusiv. Und auch deshalb hätte sich der Mensch wahrscheinlich eingebildet, die ‚Krone der Schöpfung' zu sein. Auch wenn die Bibel diese Hochstapelei nicht postuliert hätte, sie macht uns aus. Dabei sind wir tatsächlich nur Teil der Schöpfung.

‚Schöpfung' ist ein Ausdruck, den ich aber eigentlich gar nicht unbedingt gebrauchen möchte. Wir sind Teil des Kosmos, wir können eine bestimmte Zeit lang – von unserem dritten, vierten Lebensjahr bis zum Schwinden der geistigen Fähigkeiten – erkennen, wer wir sind. Mit Einschränkungen jeder Art. Vielleicht erkennen wir, in welche Konstellation wir hineingeboren sind; welches unser Habitat ist; wer unsere nächsten Freunde und Feinde sind. Wir können uns sogar fragen, wo wir herkommen, wo wir hingehen und was das eigene Leben soll. Diese nächstliegenden Fragen aber werden für immer unbeantwortet bleiben.

Albus:
Wenn du behauptest, daß der Mensch diese Entwicklung nicht korrigieren kann, dann hast du doch ein sehr pessimistisches Bild vom Menschen. Traust du diesem denkenden, diesem reflektierenden Wesen wirklich nicht zu, daß es sich selbst einmal korrigieren kann?

Messner:
Nein, ich glaube nicht an eine Rettung der Menschheit, ich sehe nur die selbstreinigende Kraft der Natur. Ich bin überzeugt davon, die Menschheit kommt um, so wie der einzelne stirbt. Das ist eine Grunderkenntnis in meinem Weltbild. Warum sollte zum erstenmal in der Erdgeschichte ein überhandnehmendes Tier ewig sein? Auf dieser Erde sind schon Hunderte von Tiergattungen ausgestorben oder ausgerottet worden, die einst hier bestimmend waren. Wir studieren sie heute als sogenannte Leitfossilien, die wir in Kreideschichten, Kalkgestein, in den Pelerophonschichten der Dolomiten überall finden. Es hat sie immer wieder gegeben: diese Pflanzen und Tiere, Wesen, die bestimmend wurden, weil sie sich am besten entwickeln konnten, weil das Habitat ideal für sie war. Und alle wurden immer wieder ausgelöscht. Zum Teil wissen wir warum, meist wissen wir es nicht. Immer wieder wurde eine andere Gattung stark, zahlreich, bestimmend. Zur Zeit bestimmen wir Menschen. Wir sind groß an Zahl, groß an Macht, wir bestimmen über die anderen. Wir mähen das Gras oder bringen die Kühe

auf die Weide, um sie zu essen. Die Tiere möchten viele von uns schützen, aber wer schützt das Gras? Das Gras ist mir gleich wichtig wie die Tiere. Mit großer Selbstverständlichkeit mähen wir das Gras, füttern es den Tieren, um diese Tiere zu schlachten und zu essen. Der Mensch ist seit Jahrhunderttausenden ein Allesfresser, sonst wäre er gefressen worden. Der Mensch ist in seiner Kunst zu überleben – Blitz, Überschwemmungen, Trockenheiten – ungeschickt. Nur weil er gelernt hat, ist er nicht umgekommen. Nun ist er den Folgen seines eigenen Daseins ausgesetzt, den Umweltkatastrophen, nicht mehr primär der Natur und verhält sich wie ein Blinder, der nur glaubt, sehen zu können. Zu Hunderttausenden hat er gelernt, sich zu verteidigen; zu Millionen, sich zu nehmen, was da war, auch wenn es nur die anderen hatten. Er hat sich in die Intelligenz geflüchtet, und diese hat ihn zur ‚Krone der Schöpfung' gemacht. Dabei sind wir so viele geworden, daß alles andere zu wenig wird. Zu Milliarden wird der Mensch in die Katastrophe gehen. Wer soll unsere Lage korrigieren? Der einzelne etwa? Eine Nation? Eine Nation, die nach der Vorstellung lebt, auf Technologie verzichten zu können, geht zuerst unter. Die Weltwirtschaft? Sie lebt von einem immer schnellebigeren, breiteren Konkurrenzdenken und tendiert genial zum Crash. Wer besser Hybris spielt, ist wirtschaftlich erfolgreicher. Alle einzelnen zugleich könnten eine Änderung bewirken. Aber viele sind eine Herde, und Herden von Menschen sind unberechenbar. Auch von der Regierung dürfen wir keine Einsicht erwarten. Denn um gewählt zu werden, bleiben Politiker bei einer kurzzeitgedächtnisverträglichen Lebenshaltung und erfinden keine neue Politik. Als einzelner sehe ich die Fehler der

Menschheit vielleicht, als Mensch dieser Menschheit aber leben wir alle nach dem Grundsatz „Nach uns die Sintflut", auch ich.

Albus:
Das heißt, der Mensch kann sich selber nicht entrinnen.

Messner:
Nein. Die Frage ist nur noch: ‚Wie endet die Menschenzeit?' Werden wir ein Einsehen haben und uns so weit zurücknehmen, daß unser Untergang ein friedlicher, ein akzeptabler sein wird? Oder muß es zu einem fürchterlichen Ende kommen, wie es in alten Schriften vorausgesagt wird?

Albus:
Diese Position: der Mensch wird umkommen, die Gattung wird verschwinden, die könnte natürlich auch ganz andere Leute beflügeln, als du es bist. Die könnten zum Beispiel sagen: ‚Wir wollen das, was ohnedies kommt, jetzt einmal beschleunigen.'

Messner:
Einige haben es lokal schon versucht. Hitler wollte, daß am Ende das gesamte deutsche Volk untergeht. Die Vorstellung allein, das Ende des Krieges zu regulieren, indem alle Deutschen umkommen sollen – alle hinaus aus den Städten, vor die Maschinengewehre der ‚Feinde', ohne Schutz –, ist so fern von unserem Denken, daß uns schaudert.

Meine Vision ist der unbewußte Massenselbstmord. Wir wissen, daß der einzelne stirbt. Daran gibt es keinen Zweifel. Wir sehen es alle Tage. Die Vorstellung, daß die Gattung überlebt, entspringt nur unserem

Wunschdenken. Wir leben dagegen. Deshalb die Frage nach dem Wie? Es kann sein, daß wir Menschen früher oder später nicht mehr zeugungsfähig sind. Wenn wir die Umwelt weiterhin belasten wie in diesem Jahrhundert, werden wir Kinder bald nicht mehr verantworten können, oder sie bleiben aus, und damit Ende.

Albus:
Jüngste Untersuchungen haben zutage gefördert, daß die Kraft der Spermien immer schwächer wird.

Messner:
Angeblich 30 Prozent weniger Befruchtbarkeit. Ich finde das sehr interessant. Es ist aber nur ein Hinweis auf die reale Möglichkeit meiner Aussage.

Ich bin ein neugieriger Mensch und finde, wir leben in einer interessanten Zeit. Wir können den Anfang vom Ende beobachten. Als wäre es schon zu spät, noch einmal die Weichen zu stellen.

Albus:
Es ist nicht zu spät. Diese Behauptung stelle ich auf.

Messner:
Wie gerne wäre ich auch darin Optimist. Alles ist viel schwieriger als früher. Den Politikern Vorwürfe zu machen, indem wir sagen: ‚Die können es nicht', ist dumm. Ich möchte Abstand nehmen von dieser allgemeinen Politikerschelte. Auch weil ich meine, daß es viel schwieriger geworden ist zu regieren. Für Helmut Kohl ist das Regieren schwieriger geworden, als es für Konrad Adenauer war. Jeder Bürgermeister hat es heute schwer, sein Dorfleben einigermaßen zu regeln. Alles ist so chaotisch, so schnellebig geworden.

Albus:
Die Entmythologisierung der Politik ist ja auch kräftig im Gange. Früher hat man ihr viel zuviel zugemutet und zugetraut, im Moment wird sie entzaubert.

Bist du der Auffassung, daß, zum Beispiel, Menschenrechte unbedingt gelten sollen, daß der Mensch ein Wesen ist, das man schützen muß?

Messner:
Ja. Dabei besteht die Schwierigkeit darin, Rechte im gemeinsamen Untergang aufrechtzuerhalten. Und wir müssen auch die Tiere und die Pflanzen schützen. Wir haben das Ganze aus den Augen verloren vor lauter Haar-, Recht- und Atomspalterei.

Albus:
Wir reden gerade über die Menschen. Wie begründest du denn, aus deiner Sicht, daß diese Gattung, die sich offenbar selber umbringt, zu schützen ist?

Messner:
Der einzelne hat instinktiv den Wunsch, seinen Nächsten zu schützen. Ich glaube, daß dies ein Naturgesetz ist. Dieses Muß ist nicht von Menschen gemacht, gehört nicht nur zur Moral. Ich bin zwar jeder Moral gegenüber skeptisch, die – als Kompensation unter Menschen entstanden – Instinkte oder die Natur der Sache mißachtet. Aber die Naturgesetze erkenne ich an. Keinerlei Skepsis dabei. Meine Lebenserfahrung und das Zusammensein mit einfachen Menschen – ich sage jetzt absichtlich nicht mit primitiven Menschen – in Neuguinea, im Himalaya, in Südamerika, sagen mir, daß sich die Menschen gegenseitig nicht umbringen wollen. Es gibt Extremfälle, es gibt Aggression, Wut-

ausbrüche, es kann zu Kriegen kommen, aber es gibt keine instinktive Notwendigkeit, andere umzubringen. Der andere ist einer wie ich, von Krankheitsfällen abgesehen. Ich kann bei meinen Expeditionen leichter überleben, wenn es der andere auch schafft. Also helfen wir uns. Zusammen ist alles leichter. Ich bin immer froh, wenn ein(e) andere(r) da ist.

Je extremer ich in der Wildnis unterwegs war, um so froher war ich, daß der andere da war. Auch wenn ich manchmal eine Wut auf ihn hatte. Momentane Wutausbrüche sind bei mir wie ein Ventil – die Aggressionen sind oft schwer kanalisierbar –, aber nie gegen den anderen gerichtet. Vom Notfall abgesehen, schützt einer den anderen. Auch deshalb sind wir so viele geworden. Ja, es hat fürchterliche Kriege gegeben, aber es hat jetzt in Mitteleuropa doch immerhin fünfzig Jahre relativen Frieden gegeben. Haben wir endlich begriffen, daß es für alle angenehmer ist, wenn wir uns nicht immerzu gegenseitig befehden und bekriegen? Ob wir es allerdings je schaffen werden, uns weltweit friedlich zu gebärden, weiß ich nicht. Auch darin bin ich skeptisch. Theoretisch könnten wir es schaffen.

Albus:
Wie gehst du denn mit deinen eigenen Aggressionen um? Lebst du sie aus, oder zähmst du sie?

Messner:
Meine Aggressionen zähme ich nicht, ich lasse sie heraus. Wenn ich eine Wut habe, habe ich eine solche Wut, daß ich es deutlich sagen muß. Oft nur zu mir selbst. In der Antarktis, wo wir weniger um unser Leben als um den Erfolg liefen, hatte ich oft eine riesige Wut, weil wir zu langsam waren. Ich hatte teilweise

eine solche Wut, daß ich die Wände hätte hochgehen können. Meine Reaktion war typisch. Ich bin so weit vorausgelaufen, daß mich mein Partner nicht mehr hören konnte, und habe meine Wut in die weiße Welt hinausgebrüllt. Anschließend war ich wieder ruhig, friedlich. Ich hatte nie das Bedürfnis, sie meinem Partner, den ich ja brauchte wie sonst nichts, an den Kopf zu schmeißen, geschweige denn ihn zu bedrohen oder ihn sogar anzugreifen. Nie. Meine Wut muß aber irgendwo heraus.

Albus:
Bist du auch aggressiv gegen dich selber?

Messner:
Na ja, ich ärgere mich oft auch über mich. Solchen Ärger könnte ich in einem Wutausbruch aus mir herausschreien, lasse ihn aber nicht selten bei anderen aus.

Albus:
Ist deine Bergsteigerei vielleicht so etwas wie Autoaggression?

Messner:
Das glaube ich nicht, nein. Vielleicht war sie das früher einmal. Heute kann ich alles mögliche tun – zum Beispiel Steinmauern aufbauen, Holz hacken, Heu einführen –, ich tue es, weil es zu tun ist. Ich laufe, gehe, arbeite, weil es Spaß macht. Mit den Händen arbeiten kann Aggressionen abbauen helfen, aufgebaut werden dabei Zustände der Zufriedenheit. Körperarbeit ist das Einfachste, was es auf dieser Erde gibt; es ist viel leichter als geistige Arbeit.

Albus:
Erfährst du dich in deinem Tun, in deinem Gehen, in deinem Suchen als ein Mensch, der mit sich in Übereinstimmung lebt, oder als ein Mensch, der sich gespalten erlebt?

Messner:
Ich erfahre mich normalerweise als Einheit, in Übereinstimmung mit mir selbst. Wenn es nicht so ist, tue ich etwas anderes. Wenn ich das Gefühl habe, ich erlebe eine Phase, in der ich mehr und mehr von mir selber wegdrifte, halte ich inne. Wenn ich das eine tun möchte und das andere mache, kommt nach der Pflicht wieder die Kür. Ich halte mich an meine Verträge, ich halte mich an meine Daten, ich halte mich an Absprachen. Sonst lebe ich mein Leben. Wenn ich am Morgen aufwache und im großen und ganzen genau das tun kann, was ich auch tun möchte, geht es mir gut. Wenn ich aber etwas versprochen habe, was ich an diesem Tag nicht tun will, sage ich nicht ab. Was versprochen ist, halte ich ein.

Albus:
Ein anderes Thema: Der Mensch ist als Mann und Frau angelegt. Sehen wir mal von deiner Mutter ab, die dich früh bestimmt hat, wie hat sich dann dein Verhältnis zu Frauen entwickelt?

Messner:
Ich habe zu Frauen generell ein besseres Verhältnis als zu Männern. Das kann von meiner Mutterbindung herkommen. Ich sehe das positiv. Ich arbeite auch lieber mit Frauen zusammen. Ich könnte mir zum Beispiel nicht vorstellen, mit einem Sekretär zu arbeiten.

Ich habe lieber eine Sekretärin. Nicht, weil Frauen als Mitarbeiterinnen vielleicht eher bereit sind, sich einzusetzen, sich unterzuordnen, zu helfen. Sie sind mir angenehmer. Ich war einmal verheiratet, habe in Serie mit Frauen gelebt und dabei viel mehr positive als negative Erfahrungen gemacht. Frau sei Dank.

Albus:
Ehe oder eindeutige Beziehung?

Messner:
Eine eineindeutige Beziehung ist stärker. ‚Eineindeutig' ist ein Ausdruck aus der Mathematik. – Ich habe nie ernste Probleme mit Frauen gehabt. Es hat Auseinandersetzungen gegeben, es hat Trennungen gegeben, aber ich bin mit Frauen gut zurechtgekommen. Dabei habe ich sicher auch Glück gehabt. Fast alle Frauen, die ich geliebt habe, waren fair und ehrlich. Eine Frau, die betrügt – ich meine das jetzt nicht sexuell –, indem sie mich für irgend etwas benutzt, wäre ein Einschnitt in meinem Leben, der mich etwas anderes lehren würde.

Albus:
Was ist dir denn so angenehm im Umgang mit Frauen, angenehmer als im Umgang mit Männern?

Messner:
Das Weibliche, weibliche Eigenschaften wie Treue, Hilfsbereitschaft, Ausdauer. Ich bin ein Mensch, der selbst relativ viel an weiblichen Teilen hat. Ich möchte nicht von mir behaupten, ich sei ein ‚typischer Mann', und doch bin ich angezogen von Frauen.

Albus:
Aber in der Öffentlichkeit giltst du als *der* Mann, als der harte Mann.

Messner:
Das ist ein Klischee, ein völlig falsches Bild. Natürlich hängt es auch mit der Bergsteigerei zusammen. Der Bergsteiger ist ein ‚harter Mann'. Auch der Typus Naturmensch ist immer noch machobesetzt. Aber ich bin nicht so. Wahrscheinlich bin ich in meinem Wesen schon etwas mehr männlich gemacht als weiblich. Meine Gefühle, mein Denken, meine Tagträume, mein Hoffen, meine Wünsche, meine Aggressionen brauchen die andere Hälfte. Wenn ich mit der richtigen Frau lebe, kommt öfter ein Gleichklang heraus, als wenn ich etwas mit einem Mann unternehme. Trotzdem habe ich nie eine extreme Reise mit einer Frau unternommen.

Albus:
Was bedeutet für dich, eine Frau zu lieben?

Messner:
Erstens ist eine Frau für mich gleichwertig. Männer wie Frauen sind Menschen. Eine Frau zu lieben bedeutet für mich nichts anderes, als mich für die eine zu entscheiden, auch wenn keine Entscheidung auf ewig festgeschrieben werden kann.

Ich bin der Meinung, daß die katholische Auffassung von der Ehe etwas fordert, was nicht möglich ist. Ich habe mich einmal verheiratet. Es war eine standesamtliche Eheschließung, und deswegen mußten wir nicht kirchlich geschieden werden. Ich könnte, wenn ich wollte, immer noch kirchlich heiraten. Aber das werde ich nicht tun. Es hatte sich herausgestellt, daß meine eine Ehe – eine lebendige und für mich befruchtende Verbindung – nur auf Zeit angelegt war. Obwohl ihr eine eindeutige Entscheidung von beiden Seiten vorausgegangen war. Mit der Zeit, mit neuen Konstellationen in unser beider Leben, haben wir uns auseinanderdividiert. Diese Tatsache und daß ich selbständiger geworden war, hat zum Bruch geführt. Wir hatten uns inzwischen ganz auseinandergelebt. Ich bin nachher wieder eindeutige Beziehungen eingegangen. Und ich werde es auch weiterhin tun. Ich halte nichts davon, mit einer Frau heute zusammenzusein und in drei Jahren vielleicht wieder einmal. Auch Die-eine-Nacht-und-dann-nie-mehr-wieder-Beziehung ist nichts für mich. Vielleicht bin ich auch nur zu alt dafür. Abgesehen davon: ich habe Kinder. Und die Kinder sind in einer Beziehung eindeutig der bestimmende Pol. Mit Kindern ist es leichter, Kompromisse zu finden, wenn es Probleme in einer Beziehung gibt, als ohne Kinder. Das heißt: die Kinder sind auch Kitt. Aber nicht der Grund, bei einer Frau zu bleiben. Eine Beziehung bleibt nur lebendig, daß heißt lebbar, wenn beide immer wieder, im Idealfall täglich, etwas für diese Beziehung tun. Wenn jeder nur wartet, daß der andere etwas tut, oder einer nur die Gelegenheit zu Streit sucht, gibt es keine Entwicklung in einer Beziehung, und damit hat sie keine Zukunft.

Albus:
Während ich dir zuhöre, taucht vor mir ein Mensch auf, der treu ist.

Messner:
Ja, ich bin den Frauen treu, mit denen ich lebe.

Albus:
Treue ist ja ein sehr mißbrauchtes Wort. Die katholische Morallehre hat – leider – lange Zeit hindurch Treue mit sexueller Treue gleichgesetzt. Aber Treue ist mehr als nur sexuelle Treue.

Messner:
Die sexuelle Treue ist sekundär. Die Treue zur Person ist es. Wenn ich mit einer Frau nach einer bestimmten Zeit nicht mehr leben kann, dann bleibt trotzdem die Treue zu dieser Frau. Wenn eine frühere Frau von mir – vage Verbindungen bleiben aufrecht – kommen und sagen würde: ‚Ich habe ein großes Problem, hilf mir!', dann würde ich, wenn ich könnte – obwohl ich heute primär die Verantwortung für meine Kinder und meine jetzige Frau habe –, dieser Frau über die Runden helfen. Das ist selbstverständlich. Oder ihr vielleicht emotional, soweit meine Zeit reicht, eine Stütze sein. Ich habe keinerlei negatives Gefühl meinen auseinandergebrochenen Beziehungen gegenüber. Auch das verstehe ich unter Treue. Und ein Mann kann sogar drei Frauen gleichzeitig treu sein. Das ist möglich. Es ist für eine Frau vielleicht schwieriger, in Tibet an der Tagesordnung. Die Urform der Beziehung Mann-Frau – Männer haben mit mehreren Frauen gelebt –, die heute wegen der ‚Moral' ein Problem geworden ist, wurzelt in instinktiven Ebenen.

Albus:
Das ist in unserem Kulturkreis ein Problem …

Messner:
… in unserem Kulturkreis ja, in vielen anderen Gemeinschaften scheint es kein Problem zu sein.

Albus:
... Dort ist das die normale Lebensweise ...

Messner:
Ja. Oft die einzig praktisch mögliche. Treu sein heißt auch dort: sich für die eine Frau oder mehrere zu erklären. Und umgekehrt. Eins noch: Frauen haben Kinder, und die Kinder werden immer mehr an ihnen hängen als an den Männern und damit ihnen angehängt sein. Von wem die Kinder sind, ist in Tibet nicht so wichtig, wer sich für sie entscheidet, zählt. Treue zu den Kindern ist wie Treue zur Frau.

Albus:
Überfordert die Einehe, wie wir sie im westlichen Kulturkreis pflegen, den Menschen?

Messner:
Die Einehe für ein ganzes Leben, das hat sich längst herausgestellt, funktioniert nicht. Sie ist nicht logisch. Die Einehe, über bestimmte Zeitspannen hinweg, ist die einfachste Form, aber sie ist in der heutigen Zeit kaum noch möglich. Sie war möglich in der Steinzeit. Da war das ganze Leben anders, da hatten die Menschen viel mehr Zeit. Da waren Gruppen, die zusammen waren, kleine Gruppen, aber die waren sehr intensiv zusammengeschweißt. Praktische Tatsachen zwangen zur Gruppenbildung: Männer mit Männern, Frauen mit Frauen, Männer und Frauen und so weiter. Die Einehe war sicher nicht die Regel. Die Frauen haben die Kinder aufgezogen, und die Männer sind zusammen unterwegs gewesen – Jagd, Spiel, Kampf.

Albus:
Im Gegensatz zu der Liebe steht der Haß. Heute breitet er sich sichtbar und spürbar stärker aus. Kannst du hassen?

Messner:
Ich glaube nicht, daß sich der Haß mehr ausbreitet als früher, die Aggression ja.

Albus:
Ja gut, aber wir wissen heute mehr davon.

Messner:
Wir sehen heute mehr. Wir erfahren durch die Massenmedien – das Fernsehen, Presse –, was sich weltweit tut. Ich kann hassen. Ich bin momentan haßerfüllt. Wenn sich zuviel an Ungerechtigkeit aufgestaut hat, wächst so etwas wie Haß. Es passiert mir zum Glück immer seltener. Ich kann dabei sehr schnell Aggressionen entwickeln. Ob aber solche Gefühle der Aggression, auch in der Auseinandersetzung mit anderen, Haß sind oder nicht, weiß ich nicht. Bei der Haltung des Sichbehauptens, des Sichverteidigens bin ich bereit, wach und stark. Das, was sich in mir anstaut, ist primär nicht Haß, sondern eine enorme Kraft. Ich könnte dann gefährlich werden. Wenn man mich reizt wie einen Hund, beiße ich mit Worten. Ob das nun Haß ist oder nur mein Verteidigungspotential, das sich instinktiv aufbaut, überlasse ich dem Urteil der Psychologen.

Albus:
Aber das ist nicht nur eine Augenblicksgeschichte, das dauert doch auch an, oder?

Messner:
Es gab und gibt in meinem Leben Menschen, die ich nicht mag. Aber hassen tue ich niemanden. Im Augenblick könnte ich mich an keinen einzigen Menschen erinnern, den ich richtig hasse. Es gibt sogar Leute, die ich früher nicht ausstehen konnte, mit denen ich heute ohne Problem ein Glas Wein trinken würde. Vor allem wenn sie arme Teufel sind, arme Teufel im Geiste oder gestraft mit ihrer Psyche – Neid, Rachsucht, Infantilität. Vielleicht ist dieses Bild von mir falsch, aber so empfinde ich mich. Hassen kann ich höchstens momentan. Momentane Wut – ein momentaner Wutausbruch – kommt vor. Also eher Aggression, nicht Haß.

Albus:
Kannst du dich auch manchmal selber nicht leiden?

Messner:
Es kommt vor, ja. Wenn ich etwas tun sollte, was ich nicht tun mag und es immer weiter hinausschiebe, alle Energie irgendwo anders verplempere, ärgere ich mich über mich selbst. Kürzlich habe ich mich fürchterlich geärgert über mich. Ich habe in einem Hotel einen Vortrag gehalten, und der Hotelier hat mich nachher in seinen Schnapskeller eingeladen. Wir haben uns in ein lokalpolitisches Gespräch mit seinem Sohn, Schwiegersohn und seiner Tochter verstrickt, in dem es um unsere Südtiroler Geschichte, aber auch um die heutige Politik ging. Die Leute hatten, nach meinem Dafürhalten, ein völlig schräges Bild von dem, was in Südtirol passiert ist und passiert. Statt anzustoßen und heimzufahren, habe ich mich aufgeregt, und es wurde so lebendig, daß wir alle bis drei Uhr in der

Frühe geblieben sind. Die Diskussion hat nichts gebracht, weil niemand verstanden hat. Viele Südtiroler werden auch in hundert Jahren nicht verstehen, daß unsere Geschichte nicht nur eine tragische ist. Ich habe mir also eine Nacht um die Ohren geschlagen und war am nächsten Morgen müde, traurig und hilflos.

Albus:
Es gibt Leute, die sagen, daß du ein Mensch bist, der relativ zynisch und kalt ist und der andere – auch eine Spielform von Haß – verachtet.

Messner:
Nein, ich verachte niemanden. Aber daß mich dann und wann Zynismus befällt, will ich nicht ausschließen. In Diskussionen zum Beispiel. Dabei beleuchte ich ein Objekt oder einen Gedanken, um den herumdiskutiert wird, mit Vorliebe von der Gegenseite. Aus einem ungewohnten Winkel. Wenn in einem Roundtable-Gespräch alle ausgehen von einer einzigen Sichtweise zum Thema, nehme ich schon einmal den entgegengesetzten Standpunkt ein. Das Ganze wirkt vielleicht zynisch, von der anderen Seite angesehen, wo es ganz anders aussieht, ist aber nicht zynisch. Es ist nur ungewohnt. Es kann sein, daß ich zum Zyniker werde, weil die anderen so festgefahren sind. Kürzlich, in einer öffentlichen Diskussion sagte jemand: ‚Reinhold Messner, der erfolgreichste Bergsteiger der letzten fünfzig Jahre'. Ich unterbrach mit: Aber nur, weil die „Konkurrenten" alle umgekommen sind. Es ist leider wahr, und natürlich auch eine zynische Aussage. Damit aber frage ich auch: ‚Durfte ich tun, was ich getan habe? Wie viele habe ich mit meinem Tun in den Tod

getrieben, weil auch sie ehrgeizig waren, erfolgreicher sein wollten als ich und dann etwas getan haben, was sie nicht hätten tun sollen.' Der Ruf, nein, das Vorurteil, ein Menschenverächter zu sein, kommt daher. Aber ich bin kein Menschenverächter. Ich lasse jedem seine Lebenshaltung, seine Erfolge, seine Religion und seine Art zu sterben. Noch etwas zu den Menschenrechten: Menschenrechtsverletzungen entstehen hauptsächlich durch ethnische und religiöse Konflikte, nicht in der Auseinandersetzung des Menschen mit der Natur.

Albus:
Du sagst, daß das Entstehen von Haß und die Verachtung der Menschenrechte vielfach religiöse und ethnische Gründe haben. Kannst du Beispiele nennen?

Messner:
Jugoslawien! Die Motive sind in religiösen und ethnischen Konflikten zu suchen. Die Kreuzzüge der Christen waren ein religiöses Problem. Die ethnischen Spannungen in Kaschmir zwischen Pakistan und Indien haben auch religiöse Gründe. Es ist fast immer das gleiche. Auch jetzt wieder der Konflikt zwischen Israel und dem Libanon, in diesem Fall also zwischen Juden und Moslems. Die Muslime haben es generell schwer mit uns westlichen Menschen und wir mit ihnen, Konflikte sind wie vorprogrammiert. Dann der Kulturzynismus der Chinesen. In Tibet wird eine ganze Kultur ausgelöscht. Das Ganze schreitet fort mit der Moral. Viele Menschen sitzen auf einem Berg aus Moral. Um von einem möglichst hohen Gipfel auf die anderen herunterschauen zu können, basteln sie sich eine Moral aus Worten, die nicht gelebt ist, eine Scheinmoral. Ich bin jeder Moral gegenüber skeptisch,

und wenn ich in die Wildnis hinausgehe, gibt es keine Moral. Am Nordpol, am K 2, in der Gobi ist die Moral nichts als die Wichtigtuerei des Menschen vor der Natur. Sind wir dort zu mehreren, versuchen wir, zusammen zu überleben. Wenn es vier sind, ist es möglich; wenn es zwei sind, ist es schwieriger; wenn es zehn sind, ist es noch schwieriger. Der Versuch, miteinander durchzukommen, ist eine gute Lehre. Das gemeinsame Ziel beziehungsweise die Natur, der wir uns ausgesetzt haben, diktiert unser Verhalten. Und wenn einer das Team durcheinanderbringt? So etwas kann vorkommen. Aber das Team findet eine Lösung. Es sind Konventionen, immer wieder. Wenn einer, mitten in der Antarktis, von sich behaupten würde: ‚Ich bin moralisch höherwertig, weil ich weiß, wie es Gott gewollt hat', oder: ‚Ich weiß, wie es richtig ist', dann würden die anderen nur lachen, und alle täten, was die Gemeinschaft als das Richtige erkannt hat.

Albus:
Woraus schöpfst du die Kriterien für dein Handeln?

Messner:
Aus meinem Instinkt, aus dem Bauch, aus dem Verantwortungsfeld, das mir zugewachsen ist. Es gibt auch Gesetze, die immer wieder festgeschrieben werden, an die ich mich halte. Einigermaßen. Mit dem Verstand erkenne ich sie an, nicht mit dem Herzen. Wir brauchen Regelung, um uns orientieren zu können. Auf der Straße fahre ich also rechts. Wir haben uns in Mitteleuropa darauf geeinigt. Wir könnten es genauso umgekehrt machen. Aber nachdem wir uns auf rechts geeinigt haben, fahre ich auch rechts. Wir zahlen Steuern, wir zahlen für alles, was wir verbrau-

chen, nur nicht für die Erde, die wir abnutzen. Wir haben in Europa eine starke Besitzfestschreibung. Also kümmert sich jeder nur um das Seine. Das ist schon etwas, aber das Unsere geht dabei kaputt. Ich respektiere den Besitz der anderen. Wahrscheinlich wissen wir instinktiv, was dir gehört und was mir. Bei meinen Kindern konnte ich allerdings beobachten, daß sie lange brauchten, bis sie begriffen, was Besitz ist. Vielleicht sind wir nur besessen von ihm.

Ich habe in Neuguinea eine Kultur erlebt, die den Besitz nicht kannte: eine interessante Erfahrung für mich. Wir gingen mit vierundzwanzig Leuten, Einheimischen, die damals noch im Zustand der Steinzeitmenschen lebten, also Steinäxte, Pfeil und Bogen schwangen, sehr weit weg von ihrem Dorf. Wir, zwei Wohlstandsbürger, hatten nur unser Essen dabei. Die Danis hatten ihr Essen dabei: ein bißchen Fleisch, Pataten, süße Kartoffeln also, und Blätter. Als wir ins Basislager kamen, ist die Hälfte dieser Leute zurückgegangen, die anderen sind dortgeblieben, weil sie mit uns wieder ins Tal zurückgehen sollten. Wir sind auf ein paar Berge gestiegen, und die Danis, die dageblieben sind, haben zuerst ihren Proviant aufgegessen und dann unseren. Schon beim Anmarsch hatten sich, während wir unsere Suppe aßen, einige dazugesetzt und einfach mitgegessen. Wir hatten das ganz lustig gefunden, aber am Ende war nichts mehr da. Sie hatten uns dann, während wir auf die Berge gestiegen waren, alles weggegessen. Ich habe, so gut ich konnte, mit ihnen geschimpft. Aber sie lachten nur: ‚Es ist überhaupt kein Problem', sagten sie, ‚wir haben Pataten, ihr könnt mit uns mitessen.' Aber es waren zu wenig Pataten übrig geblieben, und wir waren ihre einseitige Kost nicht gewohnt. Mein Partner, vielleicht fünfzehn Jahre älter als ich, ist dann auch beim Rückmarsch zusammengebrochen, nachdem wir fünf Tage lang kaum zu essen hatten. Er wäre fast gestorben. Er mußte liegenbleiben. Ich konnte viel Hunger ertragen und bin mit einigen dieser Männer ins Dorf gelaufen, um mehr Pataten zu holen. Das war seine Rettung. Unser Fehler war es gewesen, daß wir die Lebensregeln der Danis nicht erkannt hatten. Wir hätten uns ein Versteck anlegen müssen mit unserem Proviant, um ins Dorf zurückzukommen. Die Einheimischen hatten kein Problem mit Hunger, sie hätten auch jagen können, um wieder ins Dorf zurückzugehen. Sie wären auch zehn Tage lang weitergekommen, ohne zu essen oder ohne Hilfe. Sie konnten nicht einschätzen, daß wir unter ihren Bedingungen nicht leben können. Was da war, gehörte allen, und sie nahmen davon. Sie haben auch unsere Hüte aufgesetzt. Wenn wir uns wehrten – ‚Den Hut brauche ich jetzt' –, haben sie bloß gelacht: ‚Nein, nein. Den Hut habe ich jetzt auf. Morgen kannst du ihn wieder haben.' Besitz wurde offensichtlich erst wichtig, als er zur Mangelware wurde.

Der Nomade braucht kaum Besitz, und der Mensch war bis vor fünftausend Jahren Nomade. Wir sind erst seit kurzer Zeit seßhaft. Das Nomaden-Dasein ist bei uns vorhanden wie das Seßhaften-Gefühl. Ich selbst bin ein moderner Halbnomade, ein Mensch, der wegfährt, unterwegs ist und wiederkommt. Während ich durch Tibet marschiere, lebe ich eigentlich wie ein Nomade. Es gelten die Gesetze der Natur und die Gesetze des Unterwegsseins. Das sind Regeln, wie sie Nomaden im Laufe von Jahrhunderttausenden entwickelt haben. Wir haben diese Verhaltensweisen leider ad acta gelegt und glauben, wir hätten eine bessere

Lebensform gefunden. Die städtische Kultur der Seßhaften hat das Nomaden-Dasein verdrängt, aber deswegen ist sie nicht besser. In der Wüste gelten die anderen Gesetze noch heute.

Albus:
Wie kommst denn du mit diesen verschiedenen Lebensweisen zurecht? Ich habe bei dir oft beobachtet, daß du sehr schnell umsteigen kannst, von einer Geschichte, von einer zeitlichen Ebene in die andere. Das hat mich immer wieder beeindruckt, und dann habe ich mich gefragt: Wie kriegt er diese Geschichten zusammen? Wenn du hier bist, lebst du seßhaft.

Messner:
Richtig, als Schloßherr bin ich in meiner Seßhaftigkeit lächerlich. Aber ich sitze fest, bin seßhaft.

Albus:
Du kannst aber genausogut nomadisch leben.

Messner:
Auch richtig. Aber ich habe es erst wieder lernen müssen. Vor bald dreißig Jahren war ich erstmals mit auf einer Expedition. Ich kam zum Glück in ein Berggebiet, das heißt in einen Typus Landschaft, in dem ich mich von Kindheit an wohl fühlte, auskannte, wo ich glücklich gewesen war. Die Welt meiner Kindheit war ähnlich gewesen, wie die Welt in den Bergen Südamerikas und in den Himalayatälern. Da war wieder dieses Selbsterhaltungsbemühen der Einheimischen, die alles selber anbauten, die ihre Sachen verteidigten, die jeden Fremden argwöhnisch anschauten. Ich konnte mit denen sofort reden, mich

mit ihnen auf eine Stufe stellen. Die Kunst beim Unterwegssein ist dies: sich mit den Einheimischen auf eine Stufe stellen, sich weder unterlegen noch überlegen fühlen. Sie sind Menschen, und ich bin ein Mensch. Weder meine Religion noch meine Lebenshaltung, nicht Geld und nicht Wissen sind denen überlegen. Ich knie nicht vor ihnen nieder und bete sie an als die letzten Überbleibsel aus dem Paradies. Sie sind nicht unseresgleichen, aber Menschen. Ich kenne das Verhalten der Bergmenschen, deren Denken, deren Argwohn, und vielleicht finde ich deswegen sofort Zutritt.

Bei vielen Reisen bin ich mit Nomaden zusammengegangen und merkte, daß mir dieses Dahinziehen entspricht, besser noch als das Bleiben in den Bergen, das Seßhaftsein. 1986 habe ich Ost-Tibet durchquert. Ich hätte es nicht geschafft – ich hatte immerhin einen dreißig Kilogramm schweren Rucksack mit Proviant dabei –, wenn ich mich nicht dann und wann einer Yak-Karawane angeschlossen hätte. Ich habe nie mehr als zehn Minuten gebraucht, um eingeladen zu werden. Wenn ich hinkam, habe ich die Yak-Nomaden begrüßt – ich konnte deren Sprache kaum, zehn Sätze vielleicht –, schon war ich aufgenommen. Wir haben miteinander geredet – in Zeichensprache oft –, geschaut, gehandelt. Ich gab ihnen eine Kleinigkeit, und sie gaben mir etwas. Sie wollten nie Geld; einem gab ich einen Skistock, einem anderen Sonnenbrillen. So zogen wir eine Zeitlang weiter. Einmal drei Tage, oft mehr. Wenn ich merkte, sie gehen irgendwo anders hin oder sie bleiben irgendwo sitzen, setzte ich mich ab. Die hätten mich am liebsten weiter bei sich behalten. Auch für mich war es lustig, mit diesen Exoten durch die Ge-

gend zu ziehen. Aber ich mußte meinen Weg gehen. So ging ich wieder eine Zeitlang für mich, mein eigener Packesel, bis ich zur nächsten Nomadengruppe stieß. Als ich mich so durchschlug, konnte ich mir vorstellen, wie die Nomaden vor Jahrhunderten durch Tibet gezogen sind. Ich kann mir auch vorstellen, daß in einer noch früheren Kultur, der der Sammler und Jäger, nicht unbedingt das Nomadendasein vorherrschte. Ich stelle mir die Menschen früher als Halbnomaden vor. Das heißt: in Gruppen zogen sie immer weiter. Oft blieben sie jahrelang an einer Stelle, unter einem Berg vielleicht, wo sie sich orientieren konnten, wo sie geschützt waren und wohin sie zurückfinden konnten. Diese Welt haben wir alle noch in uns. In unseren Genen ist alles gespeichert. Der Mensch war viel länger Sammler und Jäger als seßhaft, und noch länger war er Tier. Der Mensch war auch länger Nomade als seßhaft. Mein Problem in den Städten ist: Ich kann mich nicht orientieren. Je enger die Straßen, je flacher das Land, um so unwohler fühle ich mich. Ich weiß dann nicht mehr, wo ich bin, wenn ich länger in der Stadt lebe.

Albus:
Ich vermute auch, daß die christliche Kultur bei der jahrtausendlangen Seßhaftwerdung eine große Rolle gespielt hat. Man kann das an einer kleinen Stelle ganz gut festmachen: Die Benediktinermönche müssen, wenn sie ihre Ordensgelübde ablegen, auch heute noch die sogenannte stabilitas loci geloben, das Verbleiben in ihrem Heimatkloster. Das hat auch seinen Grund darin gehabt, daß man die nomadisierenden, vagabundierenden Mönche weg von den Straßen bekommen wollte.

Was meinst du: Neigt der Mensch eher zur Seßhaftigkeit oder eher zum Nomadentum? Ich bin nicht entschieden.

Messner:
Die Deutschen reisen wie die Weltmeister, auch Italiener, Franzosen. Neigt der Mensch also zum Nomadentum? Vor allem Touristen leben es vor. Es scheint, daß alle wieder Halbnomaden geworden sind.

Wie gesagt: Der Mensch war viel länger Nomade, als er seßhaft ist. Aber wir können heute keine sechs Milliarden Nomaden-Menschen ernähren. Das Nomadentum setzt riesige Flächen voraus. Es setzt auch Ressourcen voraus, im Falle von Tourismus Energie. In einem großen Tierpark kann ich ja auch viel mehr Tiere halten als in vergleichbarem Raum in der Wildnis. Der Mensch verhält sich auch in diesem Zusammenhang wie ein Tier. Man kann die meisten Menschen ernähren, wenn man sie auf engem Raum zusammenhält. Den meisten scheint es so auch zu gefallen. Sie lieben Enge, Trubel, Nähe, wenn auch nur scheinbar. Das ist ganz logisch. Allerdings ist die moderne Stadtkultur überholt. Das heißt, die Städte sind viel zu groß geworden. Es dürfen nicht noch mehr unübersichtliche Großstädte wachsen. Eine Millionenstadt ist unmenschlich.

Albus:
Das kann man im Augenblick an verschiedenen Stellen der Welt beobachten. Es ist gerade so weit, daß die Riesenstädte unregierbar werden. In Mexiko-City, zum Beispiel, werden bis zum Jahr 2000 rund 32 Millionen Menschen leben. Wenn du nachts über die Hochebene von Tenochtitlan einfliegst und das Stadt-

gebiet siehst, dann meinst du: Das ist Babylon, die große Stadt, die sich schließlich selber ad absurdum geführt hat. Die lateinamerikanischen Städte, die ich einigermaßen kenne, zerfasern an den Rändern. Da kommen zwar immer wieder neue Bewohner dazu, aber die Städte zerfallen – vielleicht gerade deswegen. Bert Brecht sagt in einem seiner Gedichte über die großen Städte: ‚Durch sie wird hindurchgehen der Wind.' Sie sind keine Gebilde, die Bestand haben, weil die Menschen in ihnen keinen Bestand haben können.

Messner:
Aber der Mensch kann natürlich auch nicht mehr so leben wie einst in Europa, in großer Zahl, ein Häuschen hier, ein Häuschen dort. In Südtirol ginge das nie. Das ganze Land würde zersiedelt, gleichmäßig verbaut, das ganze Land eine einzige Gartenstadt. Wir könnten uns nicht ernähren. Der Mensch von heute mußte sich zusammenrotten und in großer Zahl in Zentren siedeln. Das hat er vor etwa fünftausend Jahren begriffen, getan, verfeinert und nun ad absurdum geführt. Als die Zahl der Erdenbewohner so groß war, daß es mit dem Nomadentum Schwierigkeiten gab, ist die Stadtkultur entstanden. Der Mensch reagiert auf Zeichen. Aber man hat auch dabei wieder überzogen. Jetzt sind die vielen großen Städte da ,und man kann sie nicht einfach wieder abreißen. Wo sollten all die Menschen hin, die dort unmenschlich leben. Den Weg aus der Sackgasse weiß niemand. Also Beschwichtigungspolitik.

Albus:
Jetzt haben wir ein wenig von der großen Masse, von der großen Zahl geredet. Vorhin haben wir schon ein-

mal die Frage der Einsamkeit berührt. Ich komme noch einmal darauf zurück: Du hast in deiner Jugend doch viele Bergtouren alleine gemacht. Oder bist du lieber mit anderen zusammen gegangen?

Messner:
Ich habe die meisten Touren mit Partnern gemacht. Immer, wenn es ging, wenn Freunde Zeit hatten, wenn ich den richtigen Partner fand, kletterte ich in Seilschaft. Alleingänge habe ich nur ausnahmsweise gemacht: wenn der Partner keine Zeit hatte; oft, weil niemand da war, der mitgehen hätte können, und ich unbedingt etwas machen wollte. Auch weil ich mich selber prüfen wollte; vielleicht sogar um das Selbstwertgefühl zu erleben. Ich wollte nie ein Anhängsel sein. Ich bin auch nicht abhängig von irgendeinem Partner; was ich mache, konnte ich auch allein. Ich habe bisher in jeder Sparte meiner Grenzgänge versucht, einen Alleingang zu machen. Immer wieder habe ich in den Dolomiten – es waren ja Tausende von Touren, die ich gemacht habe – Alleingänge gemacht, ein Dutzend große und ein paar hundert sekundäre. Aber insgesamt habe ich bei bisher 3500 Klettertouren oder Bergtouren nur ein Prozent der Extremtouren solo gemacht. Also: die Zahl meiner Alleingänge ist gering. Nur zwei Achttausender von achtzehn Besteigungen habe ich allein geklettert. Also auch in diesem Zusammenhang ist die Solo-Ausbeute relativ gering. Meist war ich und bin ich mit Partnern unterwegs.

Albus:
Hast du die zweite Besteigung des Mount Everest bewußt als Alleingang gemacht?

Messner:
Ja, das war bewußt ein Alleingang.

Albus:
Und warum?

Messner:
Vielleicht, weil ich mit dem Erreichten nie zufrieden bin. Andere verkaufen sich als „einsame Sieger", ich riskiere lieber mein Renommee als Alleingeher. Auch weil ich das damals als das I-Tüpfelchen des Bergsteigens empfand. Ich wollte ohne Sauerstoffgeräte, ohne fremde Hilfe, ohne irgendwelche Tricks, ganz allein auf mich gestellt, auf den höchsten Berg der Welt steigen und wieder heruntergehen. Das war meine Vorgabe. Mehr abspecken kannst du das Bergsteigen nicht. Meine Route war allerdings relativ leicht. Ich habe zwar streckenweise eine neue Route geklettert, aber sie war nicht extrem schwierig. Mit weniger Ausrüstung und mit weniger Hilfe, als ich es damals gewagt habe, geht es nicht. Da war ich auf dem Minimum. Ich hatte ein Zeltchen, einen Schlafsack und einen Kocher. Wenig Proviant, kein Seil und keinen Haken dabei. Kein anderer Mensch am Berg. Nur die Besteigung von Erhard Loretan ein paar Jahre später gefällt mir besser.

Albus:
Wie war da deine Erfahrung von Einsamkeit?

Messner:
Es war nicht leicht für mich, diesen Monsun-Aufstieg alleine zu machen. Ich war so verloren, keiner, der mir spuren half, und nirgends ein Partner, mit dem ich

Sorge und Glück hätte teilen können. Wenn ich jemanden habe, der vorausspurt, fotografiert, hilft, kann ich vieles mit ihm teilen, auch wenn ich nicht rede. Wenn ich nicht mehr teilen kann, wird das Leben sehr schwierig. Ich verliere dann rasch meine Sicherheit, beim Biwak vor allem, meine Identität nach Tagen der Isolationsflucht. Ich frage mich dann: ‚Wer bin ich?' ‚Was tue ich denn hier?' Wenn ein Partner da ist, frage ich mich nichts. Ein Alleingang zählt nur, wenn er Tage dauert und keine anderen am Berg sind außer Geister.

Albus:
Also definierst du dich doch vom Partner her?

Messner:
Ja, auch vom Partner her. Der Mensch ist ein soziales Wesen. Der Mensch ist kein Alleingänger. Auf dieser Erde sind wir bald 6 Milliarden Menschen, und sind in letzter Konsequenz doch allein. Jeder stirbt allein. Wir kommen allein auf die Welt und beginnen zu lernen. Wir lernen vor allem im Zusammenhang mit anderen und sterben wieder allein.

Albus:
Menschliches Leben entsteht ja schon allein dadurch, daß zwei Menschen sich zusammentun.

Messner:
Ja, noch scheinen die entsprechenden Instinkte zu funktionieren. Aber für dieses Entstehen kann der neugeborene Mensch nichts. Wenn er einmal da ist, lernt er rasch im Zusammenspiel mit der Mutter. Ein Kind, das keine Eltern hat – stellen wir uns vor, es

wird mit Hunden oder mit einem Wolf aufgezogen wie Romulus und Remus, die römischen Zwillinge – lernt nicht sprechen. Wie soll es Selbstwertgefühl entwikkeln? Ich brauche andere Menschen, um dieses Leben überhaupt zu meistern. Zur Menschwerdung brauche ich einen anderen. Aber sterben tue ich wieder allein. Deswegen nenne ich die Einsamkeit die Schwester des Todes. Und vermutlich deswegen haben wir vor der Einsamkeit auch solche Angst. So, wie wir auch vor dem Tod Angst haben. Das alles ist etwas für uns nicht Begreifliches, unsere Sinne sind für die intellektuelle Problematik dabei überfordert. Deshalb fürchten wir die Einsamkeit. Um mit der Einsamkeit zurechtzukommen, oder mindestens sie zu erfahren, habe ich sie immer wieder gesucht. Der Alleingang als eine selbst auferlegte Pflicht. Und ich werde auch in der kommenden Zeit, sollte ich wieder hundertprozentig laufen können, versuchen, eine Wüste, oder etwas Ähnliches, allein zu durchqueren, um auch in dieser Sparte mit mir allein zurechtzukommen.

Albus:
Wächst deine Angst, wenn du einsam bist?

Messner:
Die Angst ist vor allem *vor* den Alleingängen groß. Weniger, während ich unterwegs bin. Auch in der Schlußphase am Mount Everest habe ich darunter gelitten, daß ich allein war. Da fehlte ein Freund. Auch Glück ist allein nicht zu ertragen. Vorher war die Angst groß gewesen, in diese neue Einsamkeit hinein zu gehen: beim Hochklettern ging es mir gut; am Gipfel weniger; im Abstieg schlecht. Ich war neben mir. Beim Alleingang am Nanga Parbat habe ich mich auf

dem Weg nach oben hin befreit gefühlt: befreit von Zwängen aufzupassen, zu warten auf den anderen. Abzustimmen, was tun wir jetzt, was tun wir jetzt nicht, ist oft zermürbend. Ich konnte am Nanga Parbat allein entscheiden und war damit schnell und entschieden. Auf das eine Ziel hin ausgerichtet, erreichte ich es wie im Tagtraum.

Albus:
Du hast in deinem Leben immer wieder die Lust verspürt, an Grenzen zu gehen. Ich denke nur an deinen Grenzgang um Südtirol.

Messner:
Dieser war politisch, für die Region wichtig und zu guter Letzt ein Scheitern. Die Südtiroler wollen ihn nicht als das begreifen, was er war, eine Standortbestimmung. Ich weiß nur, wer ich bin, wenn ich meine Grenzen abtaste.

Albus:
Trotzdem, du hast eine Grenze abgelaufen. Und immer wieder versuchst du, Grenzen zu erreichen. Woher kommt diese Lust, an die Grenze zu gehen, die Grenzen auszuprobieren?

Messner:
Ich bin der Meinung, daß es ein urmenschliches Bedürfnis ist, seine Grenzen abzutasten, auszuloten, zu spüren, zu sehen, zu akzeptieren. Die meisten von uns haben nur nicht den Mut dazu. Aber das Bedürfnis steckt trotzdem in jedem. Ich würde den Grenzgang um Südtirol in diesem Falle nicht ausklammern. Es war zwar kein extremer Grenzgang, es war ein Grenz-

gang politischer Natur. Das Wort Grenzgang habe ich nicht in diesem Zusammenhang geprägt, aber ich definiere auch die Südtirol-Umrundung als Grenzgang.

Albus:
Ich habe es auch nur als Bild verstanden, in dem man vielleicht etwas fassen kann, was dich im Wesen auszeichnet. Du hast einmal gesagt, daß dir Grenzsituationen die Augen öffnen für eine ganz andere Wirklichkeit und daß du in diesen Grenzsituationen Dinge entdeckst, in dir wahrnimmst, die sonst brachlägen, wenn du nicht an die Grenze gingst.

Messner:
Richtig. Und zwar aus vielen Gründen. Ich sehe, wenn ich an der Grenze bin, auch das, was dahinter liegt. Das ist das Spannende. Ich gehe nicht an die Grenze, um zu wissen, was ich kann. Ich gehe an die Grenze, um zu erfahren, was ich nicht kann. Die menschliche Erfahrung dabei ist die Erfahrung des eigenen Begrenztseins. Ich kann nichts. Ich kann auf den Everest steigen, dabei aber erfahren, wie begrenzt, wie leidend, wie schwach, wie ängstlich ich bin. Ich erfahre nicht Glück, Stolz, Leistungsfähigkeit. Nein, da ist nichts von alldem – an meiner Leistungsgrenze. Da ist nicht das, was die Leute meinen. Ich laufe, zum Beispiel, durch die Antarktis und sage mir am Ende: Da war überhaupt nichts von ‚Stolz auf mich'. Aber ich habe dabei über die Grenze schauen können. Ich will nicht über die Grenze hinausgehen. Nein, denn über die Grenze gehen, bedeutet, bald dahinsein, Tod. Das ist die eine Seite. Nur wenn ich an der Grenze entlanggehe und einen Fehler mache oder mir das Wetter einen Streich spielt, werde ich – ob

ich will oder nicht – über das hinaus gefordert, was ich mir zutraue. Und dabei habe ich immer wieder festgestellt, daß ich mehr kann, als ich selber angenommen hatte. Aber nur im Notfall. Und es kann früher oder später auch schiefgehen. Was ich am Nanga Parbat 1970 überlebt habe, würde ich mir heute nicht mehr zutrauen. Ich weiß, daß Risiken dieser Dimension im Grunde tödlich sind. Damals habe ich alles durchgestanden, ich habe es zufällig, mit Glück geschafft. Mit dem Rücken an der Wand bin ich oft so gefordert, daß ich viel mehr kann als vorstellbar. Ich habe bei meinen Grenzgängen erfahren, daß unser Unterbewußtsein Lösungen findet, die ich nicht vorgesehen haben konnte. Es ist interessant zu beobachten, daß ich dann mit mir selber rede, daß ich schizophren werden kann. Es ist mir auch des öfteren passiert, daß ich gehen kann – auch fünf Tage lang. Ich komme auch lange aus, ohne zu essen. Am Ende sind keine Schmerzen mehr da. Das ist Sterben. Eigentlich ein relativ friedlicher Zustand.

Was habe ich an der Grenze noch erlebt? Das Verlorensein in Raum und Zeit. Wenn die Zeit sich auflöst, wenn es Zeit nicht mehr gibt, wird der Raum kleiner. Er ist zwar vorhanden, aber relativ klein. Dahinter nur eine Ahnung von Raumzeit, die mir eine riesige Räumlichkeit in der Zeit suggeriert. Wenn ich einen Monat lang gegangen bin – es liegen dann Leben hinter mir – und noch zwei Monate zu gehen habe, spüre ich auch kein Raumempfinden mehr. Da ist nicht mehr die Vorstellung, es ist so weit wie ‚von hier nach Moskau'. Da ist Raumempfinden nur noch Eingebettetsein in der Unendlichkeit. Die Zeit gibt es nicht mehr als fließendes Vergehen. Sie steht. Solche Erfahrungen – so vage ich sie auch nur ausdrücken kann – sind mir wichtig. Die Zeit scheint eine menschliche Erfindung zu sein. Als wäre sie nur aus dem Kopf hervorgegangen. Unsere Uhrenzeit ist auch ein reines Kulturprodukt. Jeder Mensch, der eine Uhr hat, besitzt ein bestimmtes Zeitempfinden. Vor fünfhundert und mehr Jahren gab es ein solches Zeitempfinden noch nicht. Solange es keine Uhren gab, fehlte den meisten Menschen auch ein inneres Zeitmaß. Die Zeit war länger. Es gab nur das Jahr und die Woche, und es gab natürlich auch den Tag zwischen Sonnenaufgang und Sonnenuntergang. Aber es gab diese Uhr nicht, die heute jeder am Handgelenk trägt. Es gab irgendwo die Kirchturmuhr, und es gab Sonnenuhren, und noch früher gab es überhaupt keine Uhr, und das Leben hat noch viel länger gedauert, obwohl es für die meisten mit dreißig vorbei war. Man stelle sich vor: Die Menschen wurden nur dreißig Jahre alt, und doch dauerte dieses Leben länger als unseres heute.

Albus:
Die Uhrenzeit ist durch die Kirche in unsere Kultur hereingekommen. Die allerersten Uhren waren in den Klöstern und Kirchen, um die liturgischen Tagzeiten anzuzeigen und einzuteilen. Die Kirche hat uns auch die Uhrenzeit beschert.

Messner:
Mit der Uhrenzeit ist auch das bürgerliche Leben viel besser zu organisieren, die Industriegesellschaft tickt nach ihr: Wir können so mehr produzieren, und wir können mehr mit ihr leisten. Wo das am Ende hinführt, wissen wir nicht. Auf lange Sicht können wir nie sagen, ob etwas, was wir tun, gut oder schlecht ist für das Ganze. Für das alles auf dieser Erde – nicht nur

alle Menschen – haben wir keine Maßstäbe, vor allem keine moralischen.

Albus:
Wie definierst du für dich Zeit?

Messner:
Da ist einmal die Lebenszeit, die ich habe. Sie ist mir nicht so wichtig. Natürlich definiere auch ich die Zeit, in der ich arbeite, durch die Uhr. Ich bin ein pünktlicher Mensch. Nur weil ich mir sage, Pünktlichkeit bedeutet am wenigsten Verlust für alle. Wenn ich aber unterwegs bin, gibt es diese Art Zeit nicht mehr für mich. Es gibt Tage, die mir als Ewigkeit vorkommen, und Tage, die mir minutenlang erscheinen.

Albus:
Die uhrenlose Zeit ist für dich die menschlichere Zeit?

Messner:
Ja, sie ist vieldimensional. Wenn ich am Wochenende nichts zu tun habe und nur so frage: ‚Was tun wir denn? Gehen wir irgendwohin?', regiert die Langeweile. Wenn ich die Uhr aber daheim lasse und mich intensiv in etwas vertiefe, beginnt die Ewigkeit.

Albus:
Du hast deinen Raum und deine Welt ja im Laufe der Zeit ausgeweitet. Du hast die Grenze immer weiter hinausgeschoben, auch im geographischen Sinn. Du bist in andere Kulturen eingetaucht. Mir fällt in deinen Büchern auf, daß du dich sehr intensiv mit den Menschen in diesen Kulturen auseinandersetzt. Das

ist mir sehr sympathisch, denn es gibt viele Abenteurer, Wanderer, Grenzgänger, die sich für die fremden Menschen eigentlich gar nicht interessieren oder sie einfach für sich instrumentalisieren.

Meinst du, daß es wirklich möglich ist, von der ‚Einen Welt' zu sprechen? Ich bin skeptisch. Aber die Formel wird ja viel gebraucht, sie ist die Grundlage für politische Aktivitäten: Man verwendet sie im Zusammenhang der Entwicklungshilfe, dort wird sie für mich besonders problematisch. Ich glaube es nicht mehr, daß wir die ‚Eine Welt' oder eine Art Weltkultur schaffen können. Wir erleben ja gerade, wie große Systeme wieder auseinanderbrechen, daß Menschen in überschaubaren Räumen leben möchten und daß die Kulturen gar nicht miteinander vereinbar sind.

Messner:
Es gibt so viele Welten, wie es Menschen auf dieser Erde gibt. Seine Welt erfindet sich jeder selbst. Jeder ist auch seine Welt. Jeder wertet anders, und jeder legt einen anderen Sinn in die Dinge, in die anderen Personen und in sein Tun. Das ist ja eine unserer großen Fähigkeiten, daß wir Sinn stiften können. Wir würden den Menschen ihre wichtigste Fähigkeit wegnehmen, würden wir ihnen das Sinnstiften verbieten. Indem ich Sinn stifte und ein anderer Mensch auch, werden die Welten immer wieder anders beseelt. Also: die Aussage, daß der Mensch sich die Welt erfindet, ist, im weitesten Sinne des Wortes, wahr. Damit gibt es so viele Welten, wie es Menschen gibt. Wir haben nun aber ein Problem mit der multimedialen und globalen Wirtschaftswelt: Unsere Menschenwelt wird immer mehr eine, und diese eine entwikkelt sich sehr schnell in jüngster Zeit, so daß Druck

und Sog des Ganzen den einzelnen ersticken. Ökologisch dürfte die Welt mehr und mehr als eine verstanden werden, weil wir die entsprechenden Probleme weltweit lösen können – und müssen. Im übrigen aber glaube ich, wären wir gut beraten, wenn wir den Regionalismus nicht verkümmern ließen. Wir müssen übersichtliche kleine Räume schaffen für den Menschen. Jeder muß seine Eigenständigkeit entwickeln können. Sonst ist ein sozialverträgliches Zusammenleben nicht gesichert. Deswegen bin ich auch für ein Europa der Regionen oder der Bundesländer und nicht für ein Europa der Nationalstaaten. Die Nationalstaaten sind Fehlgeburten, zu große Blöcke. Sie sind künstlich gebildet worden. Die Summe von Regionen sollte am Ende das Ganze ausmachen, und der Nationalstolz dürfte sich verflüchtigen.

Albus:
Heute wird oft behauptet, kulturelle Eigenarten ließen sich beliebig austauschen, ja kulturelle Unterschiede ließen sich sogar einebnen. Wir haben das vorhin festgemacht an der Frage, ob östliche Meditationstechniken wie selbstverständlich zu uns verpflanzt werden können. Ich glaube, daß man sich bei solchen Versuchen übernimmt, weil jede Kultur eine in sich so geschlossene Welt darstellt, daß man sie mit einer anderen nicht mischen kann.

Messner:
Ich denke, daß man sie auch nicht mischen sollte. Freilich können wir jeweils von den anderen etwas lernen. Das Respektieren anderer Lebenshaltungen und Religionen ist mir wichtig. Ich bin für eine Vielfalt der Kulturen und gegen Mischkultur. Wenn ich tibeti-

sche Kunstschätze liebe, bin ich deshalb noch kein Lamaist. Ich versuche auch nicht, deren Mantras nachzusingen. Ich respektiere – das zeige ich in meiner Hauskapelle auf Burg Juval – jede Religion, hänge selbst aber keiner an. Ich versuche, meinen eigenen Lebensrhythmus zu leben. Ich sage nicht, daß ich eine Religion brauche, spüre aber, daß gegenwärtig – vor allem in der westlichen Welt – der Hunger nach Religion wächst. Daher auch bei vielen die Versuchung, irgendwelche Dinge aus Afrika oder Asien zu uns nach Europa zu verpflanzen. Das alles geschieht meistens unverstanden oder aus einer Art Naivität heraus. Religiöser Hunger treibt seltene Blüten, und die Faulheit beim Versuch, mit der eigenen Kultur zurechtzukommen, treibt so manchen Geist um.

Albus:
Da zeigt sich auch ein Defizit. Die Wurzeln der christlich-abendländischen Traditionen sind weitgehend vergessen. Darin zeigt sich vor allem auch, daß die christliche Religion an Einfluß, an Bedeutung, an Lebens- und Deutekraft verloren hat.

Messner:
Das Christentum hat zuerst an Lebenskraft und dann an Bedeutung verloren. Es hat sich nicht rechtzeitig umgestellt. Wer neue Interpretationen gesucht hat, wurde an den Rand gedrängt. Drewermann zum Beispiel. Alles ist zu steif geworden. Diese starre Geisteshaltung konnte auf die Probleme, die entstanden sind, nicht reagieren, der Zeit entsprechend, der großen Zahl entsprechend, auch der Ausdehnung entsprechend. Wir bräuchten einen kreativen Papst. Er könnte vielleicht noch einmal das Ruder herumreißen.

Aber so sehe ich wenig Chancen, daß das Christentum die Basis der westlichen Lebenshaltung bleibt. Von historischen Gesichtspunkten abgesehen.

Albus:
Was hast du aus der intensiven Begegnung mit anderen Kulturen für dich gelernt? Toleranz, hast du eben gesagt.

Messner:
Ich habe gemerkt, daß die Religionen – jetzt spreche ich nicht von Kulturen, sondern ausschließlich von Traditionen – sich gegenseitig befruchtet haben. Wenn man versucht, dahinterzuschauen, sind viele Ähnlichkeiten zu erkennen. Der Unterschied zwischen Christentum und Buddhismus ist gegeben, aber allzu groß scheint er mir nicht. In den Grundsätzen sind viele Bekenntnisse bei beiden gleich. Die buddhistische Lebenshaltung ist mir die nächste geworden und bis heute geblieben. Die Moslems sind mir ferner. Mit ihnen und ihrer Welt tue ich mich schwerer. Auch mit der hinduistischen Welt tue ich mich, trotz ihres ehrwürdigen Alters, schwer, sie ist verwirrend für mich. Ich habe in Indien oft das Gefühl, verloren zu sein in dieser Welt der Götter. Die buddhistische Welt bezieht den gesamten Kosmos mit ein. Das Ganze, das Gleichgewicht, um die es mir geht, sehe ich dabei am ehesten gewahrt. Im Abendland haben wir schon seit den Griechen versucht, alles auseinanderzudividieren. Wenn man sie dualistisch teilt – gut und böse, hoch und tief, Mut und Angst –, funktioniert die Welt nicht. Alles ist Teil eines unteilbaren Ganzen. Dualismus, ja, Dialektik, ja. Aber nur als Instrumente zum Hinterfragen. Dialektik kann nicht

die Basis für unser ganzes Gewichten und Leben sein. Da habe ich lieber das buddhistische Weltbild: das Ganze als Einheit. Ich glaube, daß wir die Welt nicht zerreißen können, wenn wir auf ihr leben wollen. Gut und Böse sind eine unteilbare Einheit, die als Summe da sind und unteilbar bleiben, so wie Mut und Angst auch.

Albus:
Es gibt ja die Auffassung, die besagt, der Buddhismus sei gar keine Religion.

Messner:
Seine Heiligkeit der Dalai Lama selber sagt, der Buddhismus sei eine atheistische Lebenshaltung. Diese Aussage gefällt mir. Auf dieser Basis könnte ich mich mit dem Buddhismus anfreunden. Er birgt ein für den Menschen gemachtes Weltbild, das sich natürlich verändert hat und weiter verändert. Buddha wurde leider auch als Gott instrumentalisiert. Diese Menschengötter sind immer falsch. Buddha war nicht Gott, und Buddha hat sich selber nie als Gott definiert. Buddha hat den Menschen einfach nur Vorschläge gemacht: So könnte es gelingen, so könnte es gehen, mit dem Leben zurechtzukommen. Er hat zum Beispiel auf die Frage ‚Was muß ich tun, um ins Nirwana zu gelangen, welcher ist also der richtige Weg?' den Leuten geantwortet: ‚Ich weiß den Weg nicht. Wenn ihr den Weg finden wollt, dann geht und sucht ihn!' Darin liegt eine große Weisheit. Das Leben ist eigentlich ein Suchen. Es entschlüsselt sich im Suchen. Wenn mir aber einer sagt: ‚Ich bin der Weg, die Wahrheit und das Leben', kann ich nur lächeln. Das ist genau die gegenteilige Aussage zum Wort des Buddha. Ich glaube

nicht, daß Christus so etwas gesagt hat. Dafür war er viel zu gebildet, zu sehr Philosoph. Vielleicht hat man ihm diese Aussage später unterstellt, auch weil es leicht ist, mit einem solchen Schlüssel ein Kirchenvolk zu instrumentalisieren. Den Menschen zu sagen, das ist der einzig richtige Weg, ist immer leichter, als mit ihnen nach Wegen zu suchen. Es gibt den einzig richtigen Weg nicht. Es gibt so viele Wege, wie es Menschen gibt.

Albus:
Was ist dir am Buddhismus so sympathisch?

Messner:
Der Respekt vor dem Ganzen. Der Mensch stellt sich dabei nicht unbedingt an die oberste Stelle. Und dieses Ganze ist nicht geteilt. Die Haltung ist nicht so wie bei uns: Hier der Mensch und da die Natur. Dieses Gefühl der Einheit durchdringt alles. Dann die große Toleranz, die Buddhisten zeigen. Sie sind die einzigen, die nicht kolonisiert oder missioniert haben. Im Gegensatz zu Christen und Moslems. Sie sind viel friedlicher, auch im täglichen Leben. Ich spreche jetzt von der tibetischen, nepalesischen Lebenshaltung, von den mittelasiatischen Buddhisten. China hatte ja auch seinen Buddhismus. Diesen kann ich nicht beurteilen, er ist verlorengegangen durch den Kommunismus.

Albus:
Du hast auf deinen abenteuerlichen Suchwegen auch die Erfahrung von Schmerzen, von Leiden gemacht. Was waren das für Erfahrungen? Ich frage das deswegen, weil sich heute bei uns eine „Kultur" breitmacht, die versucht, den Schmerz immer mehr auszugrenzen.

Messner:
Das ist richtig. Wir haben die Mittel dazu, den Schmerz mehr und mehr zu lindern.

Albus:
Ist das denn unbedingt erstrebenswert?

Messner:
Ja und nein. Der Mensch lernt zwar vor allem durch Scheitern, durch Schmerzen, durch Verzweiflung, nicht nur durch Freude. Aber das Leiden an sich ist nicht erstrebenswert. Die Freude ist nur die eine Hälfte, die andere ist die Enttäuschung. Ich komme wieder zurück auf den Buddhismus. Ich kann den schmerzfreien Zustand nicht erfahren, wenn ich nicht auch Schmerzen kenne. Menschwerden, das heißt: alle unsere Möglichkeiten einbeziehen. Im großen und ganzen ist ein schmerzfreies Leben nicht denkbar. Wenn ich in die Wildnis hinausgehe, gehören Schmerzen dazu. In Mitteleuropa hingegen ist es theoretisch möglich, schmerzfrei zu leben. Wenn ich Schmerzen habe, bekomme ich eine Spritze. Das ist in Ordnung. Ich habe nichts dagegen, daß es Kliniken gibt, daß unsere Medizin hoch entwickelt ist. Mediziner praktizieren, was wir alle wünschen. Durch Chemie und die Medizin hat der Mensch sich die Möglichkeit eines längeren Lebens geschaffen. Aber ich habe etwas dagegen, daß Menschen in einer sterilen Klinikwelt alt werden und leben, zwar ohne Schmerzen, aber unmenschlich. Daß sich jeder vor Schmerzen fürchtet, ist eine Selbstverständlichkeit. Ich fürchte mich auch davor. Bei einer Expedition ist es anders. Weil wir alles freiwillig machen. Das ist unser Vorteil. Ich habe einen riesigen Respekt vor Menschen – es ist nicht nur

Respekt, es ist viel mehr –, die gezwungenermaßen die schlimmsten Schmerzen erfahren mußten. Denken wir an die Konzentrationslager. Die Internierten, ohne Schuld gezwungen, am Ende umgebracht, haben die schlimmsten Erfahrungen gemacht. Freiwillig ein Risiko einzugehen und dabei Schmerzen zu ertragen, ist lächerlich daneben. Wenn es höllisch kalt ist und Erfrierungen sichtbar und spürbar werden, kann ich immer noch sagen: Irgendwie muß es gehen. Im Grunde habe ich das alles selber gewollt. Ich hatte nie das Gefühl, mich zwingt jemand dazu. Ich weiß nicht, wie ich reagieren würde, wenn mich jemand zu dem zwingen würde, was ich sonst freiwillig tue. Aber die Schmerzen, die Kälte, der Wind, die Absturzgefahr, der Absturz vielleicht, auch die Schinderei, die Müdigkeit, oft auch das Gerade-noch-Weiterkommen, das alles gehört dazu, wenn ich unterwegs bin. Wenn es das nicht mehr geben sollte, wäre ein Grenzgang kein Grenzgang mehr. Ich definiere den Grenzgang als ein Unterwegssein auf Messers Schneide mit gesunder Heimkehr. Oder sollte ich auf Messners Schneide sagen? Ein Schritt zuviel würde den Tod bedeuten. Einmal gelingt es. Ein anderes Mal habe ich Glück. Manchmal wächst mir das Mehr an Kraft zu, das wir normalerweise nicht haben, und ich komme durch. Ich definiere den Grenzgang aber auch als ein Unterwegssein, das anstrengend ist, nicht nur lebensgefährlich. Es muß auch Ausgesetztheit da sein, das heißt, ich muß außerhalb der Möglichkeit einer sofortigen Rettung stehen. Dazu muß es schwierig sein. Die Schwierigkeiten sind verbunden mit der Möglichkeit des sich Verletzens, mit Schmerzen. Wenn Rettung schwierig ist, dauern die Schmerzen sehr lange. Den Schwierigkeiten kann ich nur mein Hirn entgegensetzen, Geschicklichkeit, Kreativität. Um durchzukommen, brauche ich mehr.

Albus:
Wie sieht es bei deinen Grenzgängen aus mit Augenblicken des Glücks?

Messner:
Die Momente des Glücks sind bei Expeditionen so billig zu haben. Wie sonst nirgends sind wir genügsam. Es gibt nicht nur Zeiten der Anstrengung. Wenn du abends angekommen bist und im Zelt liegst, ist das schon ein Augenblick des Glücks. Wie selten erleben wir das im Bett! Dann erzähle ich mir oft selber eine Geschichte. Oder: Hunger. Das Essen in der Antarktis oder am Nordpol oder in Grönland ist sehr fett. Wir würden es daheim nur mit Mühe verzehren. Aber ich habe in den letzten zwanzig Jahren nie so gut gegessen wie in der Antarktis. Ich habe in den besten Restaurants in Paris und in München nicht so gut gegessen wie auf dem Inlandeis in Grönland. Das hängt nur mit dem Hunger zusammen. Es ist ein gutes Gefühl, richtig Hunger zu haben. Körpermüdigkeit, Hunger kennen wir in unserer westlichen Zivilisation ja kaum mehr. Ich war jetzt drei Tage hintereinander mit Gruppen beschäftigt. Das gehört zu meiner Arbeit. Ich bin dabei richtiggehend gemästet worden. Zuerst ein Spaziergang, dann acht Gänge. Das Essen war phantastisch. Aber schon nach drei Gängen war ich satt. Ich habe das Zuviel nicht genossen. Dieses Zuviel in allem ist ein Problem. Die erste Speise habe ich genossen, die zweite auch; die dritte habe ich gegessen; die vierte versucht, um dem Koch eine Freude zu machen; die fünfte habe ich angefangen, und den

Rest habe ich stehenlassen. Wenn ich aber in Tibet nach drei Tagen nur mit ‚Tsampa' ein Stückchen Speck esse, das ich mir aufgespart habe – meist esse ich das, was ich von den Einheimischen erwische –, dann ist das ein umfassender Genuß: für die Geschmacksnerven, für die Augen, für den ganzen Körper. Damit verbunden ist eine Freude, die ich sonst im besten Restaurant nicht habe. So billig ist Glück zu haben. Beim Durst ist es das gleiche. Am besten schmeckt gutes Trinkwasser.

Albus:
Mit dem Wasser ist es bei uns auch ein Problem geworden und wird immer mehr ein Problem.

Messner:
Bei uns in Südtirol geht es im großen und ganzen zum Glück noch. Aber Wasser beginnt Mangelware zu werden. Ich trinke Wasser, leider, auch nur, wenn ich Durst habe. Dann nur schmeckt mir Wasser. Das gleiche gilt natürlich auch für hinhocken und in eine Landschaft schauen. Wir sind von so vielen Reizen überflutet, daß wir nicht mehr schauen können. Da ist das Fernsehen, die Zeitung, diese Nachricht, jene. Wir leben immerzu abgelenkt und sehr schnell. Das Erhabene ist abhanden gekommen. Zudem ist die Landschaft überall zerfurcht, gestört, beengt. Die Luft voller fremder Laute, die Bergflanken zerrissen von Wegen. Anders das Knacken im Eis am Nordpol. Der Weltuntergang ist nichts dagegen.

Albus:
Noch einmal: Was sind für dich Augenblicke des Glücks?

Messner:
Alle diese Momente von Anstatt-Glück, hungrig sein – essen; müde sein – ankommen; verzweifelt sein – einen Partner sehen; richtig durchschlafen in der Nacht – und dann in der Frühe erholt aufwachen, aus dem Zelt kriechen und die Sonne aufgehen oder die Eiskristalle glitzern sehen. Oder ein Wasserrauschen hören, wenn ich lange Zeit nach einer Quelle gesucht habe. Das klingt alles sehr einfach, aber so ist es. Oder stundenlang gehen, über irgendwas nachdenkend, und plötzlich kommt die Erkenntnis: die ausformulierte, die rationalisierte Erkenntnis. Viele meiner Aussagen, die ich mache, die spontan gut formuliert wirken, sind mir draußen in der Wildnis zugeflossen. Sie bleiben mir oft jahrelang. Dort draußen weiß ich oft: ‚So ist es', der Satz stimmt. Sätze, die hier in Mitteleuropa schnell entstanden sind, stimmen oft nur kurzfristig, sie stimmen nicht tiefgründig.

Albus:
Viele Leute behaupten, daß du einen titanischen Zug hättest. Nach dem Motto: Ich bezwinge alles, alles packe ich. Für mich bist du schon – schwer zu definieren – der Typ des modernen Menschen, der vor allem in diesem Jahrhundert sichtbar wird, der dauernd versucht, an die Grenze zu kommen …

Messner:
An die eigene Grenze, ja.

Albus:
Wobei du manchmal die Versuchung des ‚Schneller – Höher – Weiter' ganz schön ausgelebt hast und weiter auslebst, was ja eigentlich …

Messner:
am Ende in die Katastrophe führt ...

Albus:
... zumindest, wenn man es im Blick auf die technologische Entwicklung sieht oder auf die Entwicklung der Verkehrsmittel. Das führt langsam, nein, immer schneller in die Katastrophe. Fühlst du dich selber als der titanische Mensch, der alles in den Griff kriegen will?

Messner:
Nein, dafür bin ich zu sehr Spieler, aber ich bin eindeutig mitschuldig an dieser Forcierung des ‚Schneller – Weiter – Höher'. Neugierde und Grenzgang sind meine tragenden Elemente. Ich habe sie nie auszuschalten versucht. Und ich hänge nach wie vor, ein bißchen wenigstens, an dieser Lebenshaltung. Obwohl ich nicht mehr schneller werden, höher steigen und weiter wahrscheinlich auch nie mehr gehen kann. Schon altersbedingt. Trotzdem, ich stehe dazu. Ich habe fünfundzwanzig Jahre lang davon gelebt und habe dieses ‚Schneller – Weiter – Höher!' mit viel Vehemenz betrieben, nicht als Rekord, sondern als Selbstzweck. Wie der Hochspringer, der höher springen will; der Sportler, der immer besser werden will; oder der Wissenschaftler, der immer mehr wissen will. Alle haben es vorgemacht. Auch die Wirtschaft: mehr, noch mehr ... Ich bin heute auch in Wirtschaftskreisen als Referent gefragt. Vermutlich, weil ich in diesem ‚Rad der Gier' ein Exot bin, der im Zusammenhang „Wie weiter?" etwas zu sagen hat. Mir ist das Dilemma dahinter völlig bewußt. Ich sehe es auch kritisch und selbstkritisch. Andererseits ist der Mensch

so. Und gefährlich ist mein Tun nur für mich. Ob ein einzelner noch ein bißchen weitergeht oder nicht, spielt für die Menschheit keine Rolle. Natürlich, es ist ein Beispiel für eine typische Zeiterscheinung.

Titanisch? Zum Teil ja, zum Teil im Gegenteil! Ich bin ja ein Spieler. Früher vielleicht weniger: weil ich jünger und ehrgeiziger war. In den letzten zwanzig Jahren war ich „erfolgreich", weil ich gespielt habe. Ich lebte von Ideen, die ich verwirklichen wollte. Das heißt: Ich hatte eine Idee im Kopf, die ich dann dekkungsgleich umzusetzen versuchte. Die Idee sollte eine gelebte Realität werden, und wenn die Tat so wurde, wie die Idee gewesen war, erlebte ich dies als Kunstwerk. In meinem Empfinden war der Rückblick ein Hochgefühl. So war es auch für die Leute draußen, wenn ich beschrieb, was ich erlebt hatte. Ich habe auch große Würfe als Spieler versucht. Oft wußte ich gar nicht, wie alle logistischen Schritte zum Erfolg aussehen könnten. Ich habe viel mehr geraten, als ich gewußt habe. Die Besteigung des Mount Everest ohne Maske, zum Beispiel. Die gesamte Fachwelt sagte: Das geht nicht. Ich aber wußte auch nicht, wie es geht. Ich ahnte nur, daß es gehen könnte. Und ich habe es versucht. Ich habe mit einer anderen Hochlager-Taktik, mit Schnelligkeit gespielt, und es ging. Gleich beim ersten Mal.

Umgekehrt bin ich auch häufig gescheitert. Wenn die Meinung entstanden ist, ich sei der titanische Alpinist, dem alles gelingt, ist das ein Vorurteil. Ich drehe diese Aussage um und sage: Ich bin öfters gescheitert als alle anderen. Das kann ich beweisen! Daß ich der erfolgreichste Bergsteiger bin, kann ich nicht beweisen. Niemand ist so oft an einem Achttausender gescheitert wie ich. Und nur diese Niederlagen haben mir zuletzt den Erfolg gebracht. Ich habe dreißig Expeditionen unternommen, um alle vierzehn Achttausender zu besteigen. Zwölfmal bin ich gescheitert, achtzehnmal bin ich zum Gipfel gekommen. Also: Mißerfolg stand zu Erfolg im Verhältnis von 2 zu 3. Ich habe immer wieder Touren gewagt, Zugänge versucht, die noch nicht gemacht waren. Oft waren es zu viele, die für andere nicht denkbar waren. Ich habe immer wieder das „Unmögliche" versucht. Und wenn mir ein Projekt das erste Mal nicht gelungen ist, habe ich es nochmals versucht. Wenn ich bei den vierzehn Achttausendern am Ende Erfolg hatte, dann auch deshalb, weil ich öfter als alle anderen wieder angefangen habe, wenn ich gescheitert war. Und nochmals und dann nochmals, wenn es nicht gelingen wollte. Hinter dieser Haltung steht nicht der titanische Mensch, sondern der Spieler, der abhängig ist von seiner Leidenschaft. Wenn ich es wieder und wieder versucht habe, zeigt dies nur, daß ich das Krankheitsbild des romantischen Menschen in mir trage und nicht, daß ich mit dem Kopf durch die Wand will.

Albus:
Du hast natürlich dieser Ansicht Unterstützung gegeben, indem du dich öfters in Interviews als ‚Gott' bezeichnet hast.

Messner:
Ja, ich sage nach wie vor: Wenn es einen Gott gibt, dann bin auch ich Gott.

Albus:
Hältst du dich wirklich dafür?

Messner:
Ja. Ich bin der Meinung, daß jeder Mensch, jede Pflanze und jeder Stein Gott ist. Oder wenigstens Teil davon. Aber wenn ich Teil von Gott bin, bin ich auch Gott. Denken wir an Pantheismus. Ich bin ganz davon überzeugt: Die „göttlichen Fähigkeiten" stecken im Detail und im Ganzen.

„Göttlich" ist nicht Gott. Aber ich definiere den Kosmos als etwas, das eine ‚göttliche' Potenz in sich birgt, und zwar im einzelnen Teil wie im All. Unsere ‚göttlichen' Fähigkeiten – alles, was über das Tierische hinausgeht, wie die Kreativität oder die Freiheit, Sinn zu stiften – sind Beweise für unser Gott-Sein. Daß ich gewichte, diese Person mag ich mehr, oder ich mag sie weniger; daß ich entscheide, welche Tätigkeit – mindestens in einer bestimmten Zeitspanne – wichtig ist, daß ich entscheide, welcher Sache ich Wert gebe, ist dieses Gott-Sein. Ich habe nicht irgendeine Hütte gekauft, sondern ich habe mir Burg Juval wichtig gemacht. Dabei war Juval wertlos. Ich habe es für mich wertvoll gemacht. Und wenn ich fähig bin, Juval für viele andere Menschen wertvoll zu machen, erhält es auch einen wirtschaftlichen Wert. Ursprünglich hatte diese Burg keinen wirtschaftlichen Wert. Jeder hat gesagt: ‚Juval sind ein paar Steine, nicht mehr herzurichten. Eine Restauration wäre viel zu teuer!' Juval hatte auch keinen emotionalen Wert, weil niemand da war, der diese Steine subjektiv mit Werten besetzen wollte. Mir wurde dieser Steinhaufen die wichtigste Ruine, ein Ort, an dem ich gestalten und leben konnte. Ich habe dreizehn Jahre lang Sinn in diese Felsenburg hineingesteckt. Damit ist mir Juval sehr wertvoll geworden. Mir ganz persönlich. Und sie könnte allgemein von Wert werden, wenn viele Menschen einen Sinn in Erhaltung und Belebung von Juval erkennen.

Albus:
Wenn du sagst, daß du selber Gott bist – in der Weise, wie du es eben skizziert hast –, was für ein Vorverständnis, was für ein Grundverständnis oder was für eine Grundempfindung von Gottsein liegt dem dann für dich zugrunde?

Messner:
Ich will Gott nicht definieren. Ich habe Gott nie definiert, und ich will keine Definition von Gott hören.

Albus:
Ich habe dich auch nicht nach einer Definition gefragt, sondern nach deinen Empfindungen.

Messner:
Für mich ist das All, das Ganze, der Kosmos – das kann bis in die letzten Regionen der Sterne reichen – das, was andere als Gott bezeichnen. Aber ich postuliere Gott nicht. Mir reicht der Kosmos. Ich bin Teil davon und empfinde mich in ihm eingebettet. Wie immer die Erde sich entwickelt, sie ist auch Kosmos, im engeren Kreis unser Habitat. Ich bin immer noch der Meinung, daß der Mensch über die Erde nicht hinauskommen wird. Er kann ruhig um die Erde kreisen, er kann auf den Mond fliegen, draußen bleiben wird er nicht. Mittlerweile treffe ich öfters Wissenschaftler, die mich auslachen ob dieser ‚engen Weltvorstellung'. Sie sagen: ‚Der Mensch ist in hundert Jahren auf anderen Planeten zu Hause und führt auf der Erde nur noch ein Nebendasein!' Ich halte dies für nicht möglich!

Der Mensch ist an die Erde gekettet. Das ist meine Version. Sicher, es ist eine kleinkarierte Vorstellung. Aber die Erde ist nun einmal unsere Welt, und wir haben uns in erster Linie mit unserer Welt auseinanderzusetzen. Sie ist groß genug und birgt mehr Geheimnisse, als wir je fassen können. Also: dieser unser Kosmos ist relativ groß, und mir reicht er vollkommen zur Ahnung dessen, was im Jetzt und Hier abläuft. Was darüber hinaus ist oder sein könnte, interessiert mich im Moment nicht. Die Gottesfrage also lasse ich offen. In einem anderen Zustand, den ich mir sowieso nicht vorstellen kann, darf sie neu gestellt werden. Auch ein Leben nach diesem Leben schließe ich nicht aus. Aber ich schließe es in mein Weltbild auch nicht ein. Hier und jetzt kann es nicht bestimmend für mich sein. Ich lasse Jenseits und Gott offen, unbeantwortet. Ob es Gott gibt oder nicht, ich lebe in diesem Kosmos. Er ist eine Realität, und der Unterschied, wie ich in diesem Kosmos lebe, ist nicht von Gott bestimmt.

Albus:
Für mich beginnt Religion an dem Punkt, an dem ich das Vorgegebene erst einmal annehme, das, was da ist, als Realität, wie du es ausdrückst. Wenn du sagst: ‚Ich will Gott nicht definieren', dann ist mir das recht. Das Elend der Religionen besteht darin, daß sie versuchen, Definitionen für Gott aufzustellen und dann auch noch die Menschen darauf zu verpflichten. Das geht nicht mehr, die Zeit ist vorbei. Aber so, wie du sprichst, und so, wie du das Ganze erklärst – vorhin hast du gesagt, du weißt noch nicht einmal, ob du eine Religion hast –, machst du auf mich den Eindruck, daß du unheilbar religiös bist.

Messner:
Im weitesten Sinne des Wortes bin ich religiös. Wer den Pantheismus, das Allgott-Verständnis akzeptiert, für den bin ich religiös. Ich bin sogar einer, der häufig betet: Aus dem Fenster schauen und die Steine draußen als harmonisch empfinden, den Vögeln zuhören, durch den Wald gehen, das ist für mich Gebet. Auch der Wunsch, daß dieser Hügel von Juval so bleibt, wie er ist, ist Gebet – auch im tibetischen Sinne.

Die Tibeter drucken ihre Mantras auf Gebetsfahnen, die um „Lungtas" – Windpferdchen – angeordnet sind. In ihrer Vorstellung nun reitet das Windpferdchen mit den positiven Gedanken, den Gebeten oder Mantras, an die Enden der Welt. Diese Art zu beten ist es, die ich pflege. Oder sich am Nordpol zurückerinnern an die Kinder, die es hoffentlich nicht so kalt haben wie ich. In diesem Sinne bin ich ein religiöser Mensch. Aber ich bin nicht in eine von anderen Menschen erfundene Religion eingebunden. Ich bin der Meinung, es gibt keine anderen als menschengemachte Religionen. Es gibt nur andere Lebenshaltungen, im Idealfall so viele, wie es Menschen gibt. Eine Religion entsteht immer nur dann, wenn jemand – autoritär, von oben herab – eines schönen Tages hergeht und sagt: ‚Gott hat gesagt, daß ..., Gott verlangt von dir, daß ..., Gott ist die unendliche, alles bestimmende Größe.' Bis zum Geheimnisvollen kann ich folgen. Es gibt immer etwas, das wir nicht durchschauen können. Je älter ich werde, um so klarer wird mir, daß die Welt viel großartiger ist, als ich sie gestern noch gedacht habe. Und morgen wird sie vermutlich noch geheimnisvoller für mich sein. Der Mensch wird nie die letzte aller Weisheiten erkennen. Er wird diese Welt weder wissenschaftlich, mathematisch, physikalisch, chemisch noch emotional bis zur letzten Konsequenz aufschlüsseln. Würde er sie bis zur letzten Frage aufschlüsseln, wäre sie kaputt. Er wird auch die Seele nie bis zum letzten Winkel durchleuchten. Und nur weil er es nicht kann, scheint es ihm, daß eine Größe dahinterstecken müsse, die über unser Vorstellungsvermögen hinausgeht, die unsere Intelligenz übersteigt, für die unser Empfinden nicht ausreicht. Sie ist größer, als wir denken, empfinden, hoffen können. Diesen Gegenpol zu unserem Nichtwissen kann jemand als ‚Gott' bezeichnen.

Albus:
Damit sind wir wieder beim Pantheismus.

Messner:
Einverstanden.

Albus:
Ich glaube, daß alle Definitionsversuche nicht greifen. Wir spüren es ja.

Messner:
Das gilt natürlich auch für uns selber. Auch wir sind beschränkter und größer, als wir uns selber denken können. Je älter ich werde, um so klarer wird mir das. Mit zwanzig Jahren hatte ich noch die Vorstellung: Früher oder später werde ich alles begreifen, oder wenigstens das: Wissenschaftler haben begriffen, und ich muß nicht unbedingt so gescheit sein wie Albert Einstein, aber er hat ja verstanden, begriffen für uns alle. Er hat alles begriffen, war meine Vorstellung. In Wirklichkeit ist mir heute klar, daß auch Einstein nur in

Nuancen weitergedacht hat. Inzwischen haben viele andere Menschen noch weiter gedacht. Am Ende haben alle festgestellt, daß hinter ihrem Denken ein Reservoir von Undenkbarem, von Undurchschautem, von Geheimnisvollem ist, das für alle Menschheitsgenerationen ausreichen wird.

Albus:
Der titanische Mensch ist ja auch der autonome Mensch, der sich selber definiert, der alles selber bestimmt. Ich empfinde Religion als Unterbrechung meiner Autonomie.

Messner:
Das ist Zarathustra! Er definiert sich aus sich selbst, er gibt sich selber eine Bestimmung auf dieser Welt. Letzteres tue ich zu einem gewissen Teil auch. Die Bestimmung, der Sinn fallen nicht vom Himmel. Ich trage sie instinktiv in mir, wenn ich in diese Erde hineingeboren werde. Wenn ich einer Religion anhänge, wird mir diese Selbstbestimmung weggenommen. Das Christentum sagt: Du bist auf der Welt, um die Auferstehung zu erleben und in den Himmel zu kommen. Das akzeptiere ich nicht. Mehr noch, mir sind Auferstehung und Jenseits im Moment relativ egal. Ich versuche vielmehr, meine Fähigkeiten auf dieser Erde auszuspielen. Mein Jenseits ist zur Zeit im Diesseits. Zu begreifen, was mir zugänglich ist, so weit wie möglich zu gehen, so weit meine Füße mich tragen, zu schauen ist meine Bestimmung. Diese Art Selbstbestimmung kommt nicht von außen, von oben oder weiß der Teufel woher. Auch nicht aus der ‚Hölle', denn diese gibt es ebensowenig wie den ‚Himmel'.

Albus:
Aber diese Selbstbestimmung hat doch Schranken. Das erlebst du doch im Scheitern, in zahlreichen Erfolglosigkeiten, zuletzt im Tod; das erlebst du doch permanent ...

Messner:
Ja, wir sind begrenzt ...

Albus:
... Das, was die alten Theologen als Kontingenzerfahrung bezeichnen: Ich erreiche nie das, was ich eigentlich in allem suche und verlange.

Messner:
Nein, so sage ich es nicht. Ich erreiche dann und wann meine Ziele, die Realität zu Utopien, kurz das, was ich möchte. Daß ich begrenzt bin, ist eine Erfahrung dazu. Der Mensch will als kleines Kind eigentlich alles. Diese Allmachtsphantasie ist ihm gegeben. Aber Mensch werden, Erwachsen-Sein heißt: erfahren, daß wir begrenzt sind. In jeder Hinsicht begrenzt; in unserer Sinneswahrnehmung, unserer Intelligenz, unserer Einsicht; begrenzt auch in der Zeit. Unsere Menschwerdung geschieht also in der Erkenntnis, daß wir begrenzt sind – geistig, körperlich begrenzt. Und wenn wir älter sind, werden wir schwächer, langsamer, ungeschickter. Früher oder später sterben wir. Am besten freiwillig. Ein Mensch stirbt im Grunde gut, wenn er sagen kann: Es wird Zeit. Das haben alte Tibeter, vielleicht auch die alten Indianer so praktiziert. Sie sind von der Gemeinschaft weggegangen in die Wildnis, um zu sterben. Ich finde das sehr schön. Wenn ein Mensch sagt: ‚Eigentlich ist es jetzt Zeit, meine Zeit

ist abgelaufen, meine Grenze, auch die der Lebenszeit, ist erreicht', ist er weise. Aber kein Weiser wird vor seinem Tod sagen können: ‚Ich habe bis ans Ende der Erde geschaut; ich habe alles durchschaut.' Er/Sie hat höchstens Momente der Erleuchtung gehabt, aber nicht das Alles erkannt.

Momente der Erleuchtung zu haben heißt nicht, daß ich alles weiß. Heute, wenn ich in die Welt hineinschaue, erlebe ich es so: Ein Brunnenbecken voll Wasser ist das, was ich erfahren, was ich an Wissen angehäuft, was ich rationalisiert, was ich an Erfahrung zusammengetragen habe. Außerhalb dieses Brunnenbeckens aber ist ein Meer des Nicht-Durchschauten. All das, wovon ich nicht weiß – eine unendliche Größe, die vor mir brachliegt –, bleibt geheimnisvoll. Zwischen diesen beiden ungleich großen Polen, dem Vertrauten und dem Fremden, gibt es ein Spannungsfeld, und dort findet der Lernprozeß statt. Die Menschen jeder neuen Generation müssen/dürfen diesen Lernprozeß neu erleben. Wir können ihnen nichts davon schenken. Wir können ihnen einiges mitgeben an Wissen, an physikalischen Gesetzmäßigkeiten, Regeln, die wir aufschreiben, aber das ist nur Oberfläche. Nur ein kleiner Schritt zum Nichtwissen. Wo wir waren, findet die nächste Generation rasch heraus, das Fremde aber bleibt unendlich groß.

Albus:
Hast du Angst vor dem Tod?

Messner:
Es gibt Phasen, in denen ich mehr, dann wieder weniger Angst habe vor dem Sterben. Im Augenblick habe

ich aus rein praktischen Gründen weniger Angst. Denn ich werde morgen nicht sterben, und ich habe nicht vor, innert Jahresfrist wieder zum Nordpol zu gehen. Aber die Ängste, die ich vor den extremen Reisen, Expeditionen, am Rande des Machbaren, hatte, sind doch ein Beweis dafür, daß ich den Tod fürchte. Der Rest – esoterische Sprüche zum Thema Tod – kann mir gleichgültig sein. Wenn ich mir am Nordpol den Fuß verknackse und mich der Hubschrauber oder ein Flieger holen kann, sind die Ängste eigentlich vergeblich gewesen. Also ist das Ganze nicht so tragisch. Die Erfahrung lehrt mich das Gegenteil. Bei großer Gefahr ist Angst vor dem Tod gegeben. Jedesmal vor einem Aufbruch kommen große Ängste. Das heißt, ich habe konkrete Angst umzukommen.

Am wenigsten von dieser Angst war nach der Tragödie am Nanga Parbat übriggeblieben. 1970, als mein Bruder gestorben war und ich fast umgekommen wäre. Damals habe ich gemerkt, daß das Umkommen im Leiden die schönste Phase ist. Aber seit damals habe ich so schlimme Erfahrungen nicht mehr gemacht und meine Ruhe, Gelassenheit und Sicherheit dem Tod gegenüber haben sich wieder verflüchtigt. Ich habe nicht mehr Angst vor dem Tod als andere, vielleicht sogar weniger, aber ich fürchte mich vor Todesgefahr. Ich weiß, daß ich sterben muß. Und noch etwas: ich freue mich darauf, älter zu werden.

Albus:
Die Tatsache des Todes nimmst du also als gegeben an, die willst du nicht aus der Welt schaffen?

Messner:
Das Leben wäre unerträglich, wenn wir ewig leben würden. Es wäre sogar unerträglich für den einzelnen, kein Ende dieses Lebens zu erwarten.

Ich habe alte Menschen kennengelernt, die sich richtiggehend auf das Sterben gefreut haben. Ich hatte bei ihnen dieses Gefühl des Friedens. Bei ganz einfachen Bauersleuten, zum Beispiel, die ein intensives Leben geführt hatten und plötzlich sagten: ‚Es ist jetzt Zeit. Mir geht es zwar noch gut, aber vielleicht sterbe ich bald.' In der Stadt ist es vielfach das Problem mit der Einsamkeit. Alleinsein ist eine Belastung für viele von uns. Lieber wollen alte Einsame sterben, als alleine zu sein.

Albus:
Ich finde, daß es nicht gut ist, wenn die Menschen allzu alt werden. Wir haben mit Hilfe der Chemie und der Medizin die Lebenserwartung verlängert. Aber ich erlebe auch, daß das Leben dann am Ende umschlägt in Einsamkeit, in Angst, in Unglück, in Elend, in psychisches Elend. Wenn ich durch Altenheime gehe und zuweilen sehe, wie Leben zu Ende geht, dann sage ich mir: ‚So möchte ich nicht alt werden.'

Messner:
Denken wir uns zurück ins Neolithikum. Vor achttausend und mehr Jahren, im Übergang vom Nomadentum zum seßhaften Dasein, wären wir beide nicht mehr am Leben. Die Lebenserwartung damals betrug dreißig Jahre. Vielleicht hätten wir Glück gehabt und wären fünfzig geworden, aber wahrscheinlich wären wir auf der Strecke geblieben.

Albus:
Ist Religion für dich etwas, was aus dir herauskommt, eine Kraft, die wie die Sexualität, wie andere Kräfte, Urkräfte des Lebens, in dir sind und nach außen zur Entfaltung kommen?

Messner:
Die Religion ist kein Instinkt wie die Sexualität. Sexualität, ohne sie damit klar definiert zu haben, ist die Gesetzmäßigkeit: Der Mensch soll sich vermehren. Beim Tier ist es das gleiche. Die Sexualität ist – von Zyklen und Details abgesehen – bei uns, wie beim Tier, dieselbe Angelegenheit. Da können Moralisten sagen, was sie wollen, ich bin davon überzeugt, daß die Sexualität ein physiologischer Instinkt ist. Die Religiosität ist etwas Ähnliches für die Seele. Der Mensch ist sicher nicht nur aus Körper, Herz und aus Verstand gemacht. Er hat auch eine seelische Dimension. Wir Abendländer, wir Christen haben den Begriff ‚Seele' erfunden. Wir können das Seelische auch anders nennen. Viele andere Kulturen haben mehr Beziehung dazu – und damit auch mehr Bezeichnungen für das Seelische – als wir.

Albus:
Wie verstehst du ‚Seele'? Wo kommt sie für dich zum Ausdruck? Man sagt ja in der Umgangssprache: ‚Das ist eine Seele von Mensch' – da wird eine ganz bestimmte, tiefe Bedeutung sichtbar. Was ist für dich ‚Seele'?

Messner:
Der Geist eines Menschen, seine Psyche, seine Aura. In der Seele spielen hauptsächlich das Unterbewußte,

aber auch das Bewußte, zum Teil die Biographie, das Nichtgelernte eine Rolle. Nicht das Wissen. Wissen, Moral, Ethik, Angelerntes spielen dabei fast keine Rolle. Unsere Lebenserfahrung ist nicht nur eine rationale Angelegenheit. Vieles von dem, was wir eingesogen haben – über Jahrmillionen Phylogenese, mit der Muttermilch –, bis zu einem tiefen Schreck vielleicht, den wir nie ausgedrückt haben, ist lebendig und wirksam in uns. Alles bleibt vorhanden. Die Summe alles Nichtstofflichen in uns möchte ich als Seele bezeichnen. Aus dieser Seele heraus entstehen Notwendigkeiten, wie es für das Körperliche Hunger, Sexualität, Ruhe sind. In der Seele kommt das Religiöse zum Tragen oder die Verehrung des Erhabenen. Das Erhabene, etwas, das wir bewundern, bestaunen können, befriedigt die Seele, nicht nur den Verstand. Das kann auch die Kunst sein, etwas von Menschen Gemachtes also. Bei mir ist es vor allem die unberührte Natur, die vom Menschen nicht angekratzte Wildnis, in der Weite, Harmonie und Stille vorhanden sind. Solche Landschaften empfinde ich als erhaben. Ich empfinde Urlandschaften einfach als schön ...

Albus:
... als verehrungswürdig ...

Messner:
Ja, auch als verehrungswürdig. Da kann ich stundenlang davor sitzen, stundenlang schauen oder hineinhören. Ich nehme meine Kinder absichtlich zu Spaziergängen in die unberührte Natur mit, sitze mit ihnen irgendwo und staune. Und wenn sie dann spielen wollen und fragen: ‚Warum spielst du nicht mit uns?', sage ich nur: ‚Mir gefällt das alles so gut.'

Albus:
Ich habe am Orinoco einmal eine Situation miterlebt, die mich sehr beeindruckt hat. Wir sind mit dem Boot den Fluß hinaufgefahren, zu den Maipurifällen. In der Mitte des Stromes waren Felsen, und auf der anderen Seite lag eine Siedlung von Indianern. In der Dämmerung sind wir zu einem dieser Felsen gefahren und wollten dort den Einbruch der Nacht erwarten. Da sahen wir plötzlich, daß schon eine Indianerfamilie mit ihren Kindern auf dem Felsen war. Wir fragten sie, warum sie nicht hinüber ins Dorf gingen? Sie wollten nichts anderes tun, als mit ihren Kindern die Nacht auf diesem Felsen verbringen, um ihnen zu zeigen, wie groß die Nacht sei.

Messner:
Das ist im Grunde Religion. Wenn sich ein Kind auf einen Felsen setzt oder einfach über ein Gewitter staunt; wenn wir wirren Blitzen zuschauen oder sehen, wie die Wolken ziehen; wenn wir die Sterne in einem See widergespiegelt finden, oder einen Grashalm im Wind beobachten, ist das der erste Ansatz von Religion. Das Bestaunen des Erhabenen ist Religion.

Albus:
Zurück zum Thema ‚Grenze'. Die absolute Grenze, für uns alle gültig, ist der Tod. Was die Zeit bis zum Tod betrifft – habe ich das richtig verstanden? –, bist du eher der Auffassung – du lebst auch danach –, daß es keine Grenzen gibt oder daß es immer wieder nur neue Grenzen gibt?

Messner:

Es gibt Grenzen, aber wir werden sie nie erreichen. Vor allem nicht die Grenze des Machbaren. Wir können uns den Grenzen nur nähern. Je näher wir ihnen kommen, um so schwieriger ist es, weiterzukommen. Weil der Mensch die Grenze nie erreichen, sondern sich ihr nur nähern kann, gibt es eine festgeschriebene Grenze nicht. Was ich in diesem Zusammenhang nicht leiden kann, ist die Philosophie des ‚no limits'. Diese Vorstellung suggeriert eine grenzenlose Potenz des Menschen in einer begrenzten Welt. Heute gibt es eine junge Generation von Abenteurern, die sagen: ‚Es gibt in uns und für uns keine Grenze. Der Mensch kann im Grunde alles.' Rekordhascherei ist die Folge. Diese ‚No-limits-Generation' hat nichts verstanden.

Albus:

Die Grenzen der Seele wirst du nicht finden.

Messner:

Richtig. Die absolute Grenze kann ich nie erreichen, nie finden. Ich kann aber, wenn ich an meine Grenze gehe, über diese Grenze schauen. Das ist sehr wichtig, um sich in dieser Welt zu begreifen. Wie soll ich wissen, was hinter der Grenze ist, wenn ich nicht an die Grenze gehe? Hinter der Grenze ist das Große, das Erhabene, das Nichterkannte, das Nichtdurchschaute, das Nichterlebte. Das Erlebte dagegen ist ziemlich banal. Klar wurde mir das, als ich in die Antarktis ging. Vorher erschien mir die Möglichkeit der Überquerung des Kontinents als etwas, das über meine Kräfte ging. Ich selber habe es bezweifelt, ob wir durchkommen würden. Es war aufregend, an die Reise zu denken. Sie hatte mich gepackt, sie wurde mein Lebensinhalt.

Nachher, wieder daheim, erschien mir das Ganze ziemlich banal. Das einzige, was mir heute noch nicht banal erscheint in diesem Zusammenhang, ist die Erfahrung, die ich dabei gemacht habe: Der Mensch in dieser Weite und nicht verloren. Daß ich die Durchquerung gemacht habe, ist nicht mehr wichtig. Vorher war es etwas ganz anderes. Das gleiche gilt natürlich auch für meinen nächsten Schritt, und trotzdem muß (werde) ich ihn tun.

Albus:
Wir haben schon kurz über das Älterwerden gesprochen. Damit kommen viele Menschen heute überhaupt nicht mehr zurecht. Wie ist das bei dir?

Messner:
Ich kenne dieses Problem. Im Augenblick – mir ist die Tatsache des Älterwerdens erst durch meinen Mauersturz in Juval richtig klargeworden – plage ich mich mit diesem Phänomen. Vorher hatte ich fünfundzwanzig Jahre lang vergessen, älter zu werden. Es hat immer alles funktioniert. Ich habe den Gedanken, daß es irgendwann nicht mehr geht, vor mir hergeschoben. Es ging ja immer. In den letzten drei, vier Jahren habe ich zwar angefangen zu sagen: ‚Diese eine Tour muß ich bald machen, mit sechzig geht das nicht mehr.' Aber ich habe mich immer noch an einer illusorischen Jugend festgeklammert. Mit dem Mauersturz war das alles aus. Es wird für mich sehr schwierig sein, an meine Form von früher anzuknüpfen. Ich bin in jedem Fall noch ein Jahr lang außer Gefecht. Noch einmal ist in mir ein doppelter Ehrgeiz entstanden: Wenn ich wieder richtig laufen kann, werde ich wieder trainieren, damit ich noch einmal in Hochform komme. Ob-

wohl mir inzwischen völlig klar ist, daß ich nur noch ein paar Jahre für extreme Touren habe. Dann werde ich zu alt sein. Ich werde natürlich auch nachher etwas tun. Weil ich das Unterwegssein, das Gehen, das In-Bewegung-Sein brauche. Aber ich werde mir Zeit lassen: zum Leben, einfach nur zum Spazierengehen. Auf der einen Seite stört es mich, daß ich bald viele Spiele nicht mehr spielen kann: den Nordpol schaffe ich vielleicht in drei Jahren noch; einen großen Berg in fünf; den Ortler vielleicht noch mit siebzig. Dabei war der Ortler vor zehn Jahren für mich ein Spaziergang. Umgekehrt aber freue ich mich auch auf die Zeit nach den großen Reisen. Wenn ich älter bin, sechzig und mehr, habe ich viel mehr Zeit. Dann gibt es auch diesen Druck nicht mehr: Solange ich unbedingt zum Nordpol will – koste es eine halbe Million Mark; koste es Jahre Vorarbeit; koste es langes, intensives Training; koste es vier Monate Unterwegssein; koste es ein Jahr lang Auswertung –, bin ich auch ein Getriebener. Ich war dabei oft in einer Streßsituation. Um Leben und Grenzgänge, das Ganze zu bewältigen, habe ich mich jahrzehntelang ganz eingesetzt. Später also werde ich viel mehr Zeit haben, um das zu tun, was ich noch lieber tue, als zum Nordpol zu laufen: reiten gehen, mit den Kindern spielen oder auf dem Bauernhof mitarbeiten. Ich stelle mir mehr und mehr vor, wie ich mein Leben für das Alter einrichte. In kurzer Zeit will ich die Verantwortungen abgeben. Auch für die paar Sachen, die mir wichtig sind, wie die Burg Juval und die dazugehörigen Bauernhöfe. Nicht für die Menschen, die ich liebe. Ich möchte mich als denkender, spazierengehender Mensch irgendwohin zurückziehen. Im Winter irgendwo in einer Stadtwohnung leben, im Sommer in einer Höhle im Gebirge, das ist meine Vorstellung. Ernähren kann ich mich immer, da habe ich keine Bedenken. Ich kann es mir leisten, meine Tagträume auch weiterhin auszuleben. Ich muß nicht arbeiten. Ich hoffe, daß ich gesund bleibe, bis ich sterbe. Es wäre sehr schlimm für mich, lange in einem Krankenhausbett herumzuliegen.

Albus:
Der Mensch will unterscheiden zwischen Gut und Böse. Das ist auch eine Grundfrage der Religionen. Was ist für dich das Böse?

Messner:
Als böse gilt alles, was den Konsens stört. Im Grunde gibt es das Böse nicht. Das Böse gibt es erst, seit es die Menschen gibt. Vorher gab es kein Gut und kein Böse. Ich definiere das Böse als das den Kosmos Störende und Zerstörende. Böse ist im Grunde nur, was das Ganze stört. In der Zeit, als es nur wenige Menschen gab, war das Böse selten. Höchstens wenn ein Mensch einen anderen gestört, ausgeschaltet, umgebracht hat, war das böse. Sonst gab es kein Böse. Aber je mehr wir Menschen werden, um so größer sind natürlich auch Gefahren für das Ganze. Trotzdem, wir können auf lange Sicht nie genau sagen, was für das Ganze gut und was böse ist. Je länger wir vorausschauen, um so schwieriger ist es, zu sagen, was gut oder böse ist. Deswegen sollten wir auch sehr vorsichtig mit unserem Urteil gut/böse sein. Und: ich lasse mir von keiner Religion sagen, was gut oder böse ist.

Albus:
Aber du hast doch auch Anteile in dir, die man als böse bezeichnen kann?

Messner:
Der Kosmos, die Erde enthalten weder das Gute noch das Böse. Das Gute und Böse kommt und geht mit uns. Jeder Mensch hat Gut und Böse in sich. Die beiden Größen sind Hälften eines unteilbaren Ganzen. Gut und Böse sind eine rein menschliche Erfindung. Die Definition von Gut und Böse aber erscheint mir oberflächlich und kurzsichtig. In diesem Zusammenhang erwarte ich mir neue Impulse. Aber von wem? Nachdem die Religionen neue Werte nicht vorgeben – früher haben Religionsstifter das getan, damit sind die entsprechenden Lehrer stark geworden, damit sind sie groß geworden –, braucht es wieder Weise. Daß es die Politiker tun, dürfen wir nicht erwarten. Diese haben nicht mehr den Mut und den Atem zu Visionen. Durch kurzfristige Wahlrhythmen gezwungen, werden sie immer populistischer und handeln immer kurzsichtiger. Die Wertediskussion ist gefährlich, und trotzdem müssen wir sie führen. Die Umwelt ist ein großes Problem geworden. Dank den Grünen, die wachgerüttelt haben. Weil wir so viele sind, sind wir eine Belastung geworden für die Umwelt. Vor fünftausend Jahren waren wir Menschen keine Belastung. Heute schädigt jeder, der heizt, die Umwelt. Aber: wir müssen in Mitteleuropa heizen, sonst frieren wir im Winter. Die Frage ist: Wie heizen wir? Mit Öl oder mit Holz zu heizen ist schlechter, als mit Sonnenenergie zu heizen. Das ist eindeutig klar. Es ist nicht böse, oberflächlich betrachtet, mit Öl oder mit Holz zu heizen. Aber es ist gut, mit Sonnenenergie zu heizen …

Albus:
… Weil es das Ganze weniger stört …

Messner:
... Ja, und damit unsere Lebensgrundlagen weniger stört. Es ist zwar ein Unterschied, ob jemand jemanden vorsätzlich umbringt, oder ob jemand so viel Dreck in die Luft pustet, daß viele sterben müssen. Untragbar für die Opfer ist beides.

Albus:
Es gibt heute eine Situation in der Gesellschaft, die auch bedingt ist durch die technologische Entwicklung und die sich etwa so beschreiben läßt: Man lebt immer fremdbestimmter, man lebt immer mehr aus zweiter und dritter Hand. Es zeigt sich eine große Sehnsucht bei den Menschen, wieder ursprünglich zu leben. Das Abenteuer wird plötzlich gut vermarktbar. Es gibt sogar Abenteuerspielplätze in den Städten, was ja anzeigt, daß die Entwicklung den Zugang zum Ursprung verbaut hat ...

Messner:
Das ist richtig. Ich empfinde diese Situation als völlig schizophren. Einen Abenteuerspielplatz kann es nicht geben. Eine Abenteuerreise vom Reisebüro kann es nicht geben. Alle diese ‚Abenteuer' sind nichts als Placebos für Abenteuer-Unfähige.

Albus:
... oder Kaufhäuser werden in der Werbung zu ‚Erlebnishäusern'. Das sind nur ein paar einzelne Beobachtungen, die ich jetzt aus dem Gesamten herausnehme. Immer mehr Menschen verlangen – auch aufgrund der Tatsache, daß die Religionen, bei uns zumindest das Christentum, ihre sinnstiftende Kraft verloren haben – nach Sinn, nach Ursprung, haben wirklich Sehnsucht

danach. Sie fragen sich: Was trägt eigentlich noch in solch einer Lage, in der man untergründig spürt, daß man die Ursprünge verloren hat, was trägt noch, was trägt über den Tag hinaus?

Es gibt aber noch, meine ich, ein paar Bereiche, in denen die Menschen auch heute in dieser sich aufsplitternden, atomisierten Welt sinnvoll leben können. – Was hältst du denn eigentlich von Familie?

Messner:
Von Familienbande und -leben halte ich sehr viel. Die Familie ist der Kern einer Möglichkeit, daß Kinder zu frühen Grunderfahrungen kommen können: Zugehörigkeit, Teilen, Wärme. Diese Werte helfen ihnen über das Leben. Im Gegensatz dazu ist das Konsumieren ein Erfahren aus zweiter Hand. Wir konsumieren Emotionen im Film, Nachrichten, Reisen. Sicher, das alles ist die Grundbasis für unsere Wirtschaft. Inzwischen ist Konsumieren eine Krankheit. Heute werden sogar Abenteuer konsumiert. Erfahrung wird konsumiert und nicht mehr gemacht. Aber: Erfahrung kann man nicht konsumieren, die kann ich nur machen.

Religionen werden vielfach nicht mehr auf Erfahrungswerten aufgebaut, auch sie werden angeboten und konsumiert. Durch unsere Familien können wir gegenwirken. Wenn es viele werden, können sie gegensteuern. Wenn wir Kinder wieder zu Erfahrungsmenschen werden lassen, ist ein alter Wert wiedergewonnen. Erfahrungen machen ist der Sinn des Lebens. Wenn ich nur die Erfahrungen anderer konsumiere, wenn ich nicht mehr selber spazierengehe, zum Beispiel, sondern Landschaften nur mehr im Fernsehen anschaue, mache ich keine Erfahrung mehr. Wenn ich den Weg der Kartoffel nur vom Einkaufen bis zum Essen verfolge, habe ich nicht erfahren, wie eine Kartoffel entsteht. Lege ich sie aber selber in den Boden, hacke sie dann heraus, koche und esse sie, habe ich ein weiteres Blickfeld, die längere Kette verstanden. Nein, ich rufe nicht auf zum Zurück-auf-die-Kartoffelfelder. Aber mehr Bescheidenheit täte uns gut. Wenn ich meine Alm Gschmagenhart im Villnöß-Tal behalte, dann nur deshalb, weil dort die Kinder begreifen können, daß Wasser nicht einfach aus dem Hahn herausrinnt. Auch das Holz zum Heizen liegt dort nicht in der Küche. Der Herd dort funktioniert nicht, wenn ich ihn anschalte. Feuer im Ofen brennt nur, wenn ich Holz im Wald geholt habe, und Wasser ist nur da, wenn ich es an der Quelle hole. Vielleicht suchen wir auch Pilze und Beeren im Wald und kochen Abendessen. Dann ist es warm, und wenn die Bettdecke dick genug ist, ist es dort oben auch nachts warm.

Albus:
So kann man Kindern Primärerfahrungen vermitteln. In diesem Zusammenhang interessiert mich auch: Wie organisierst du deine Familie, gibt es bei euch eine Arbeitsteilung zwischen Mann und Frau?

Messner:
Meine Frau organisiert die Familie. Sie hat den aufregenden Job der Familienmanagerin übernommen. Das ist bei uns so eindeutig, weil ich viel unterwegs bin. Als Managerin weiß sie, wann die Schule anfängt, wann sie aufhört. Ich weiß es nicht. Sie kümmert sich darum, daß die Kinder aufstehen, in die Schule und in den Kindergarten gehen, abgeholt werden und das Essen rechtzeitig da ist. Dazwischen besorgt sie,

kauft ein und und und. Das alles ist bei uns praktisch so reibungslos gelöst, daß es besser nicht sein könnte. Ich führe mein Leben. Aber ich bin, seit ich mit Familie lebe, viel mehr als früher daheim. Ich bin so oft wie möglich zu Hause, esse mit meiner Familie und spiele mit den Kindern. Ich bin einfach mehr da. Aber ich gehe auch wieder weg, um Vorträge zu halten, auf meine Reisen. Ein bißchen archaisch das ganze. Was früher der Mann getan hat, wenn er einen Elefanten jagen ging, ist meine Arbeit nicht, aber auch ich erledige sie draußen. Ich finde es so schön, Daheim und Unterwegs sind angenehm für mich. Unser Leben ist organisiert und offen zugleich. Ich brauche nicht zu sagen: ‚Das und das muß gemacht werden.' Wir haben unser Zusammenleben sogar so weit organisiert, daß wir mit mehreren Wohnsitzen zurechtkommen. Die Wohnung in Meran, die meiner Frau Sabine gehört, ist ihr Reich, ihr Verantwortungsgebiet, ihr Wohnsitz. Ich bin dort nicht gemeldet. In den Schulmonaten wohne ich dort. In den Sommermonaten ziehen wir alle nach Juval um, wo ich vorerst noch meinen Wohnsitz habe.

Albus:
Ist das aber nicht doch wieder die Abbildung eines alten Rollenbildes? Die Frau hat für die Familie zu sorgen, und der Mann geht hinaus ins feindliche Leben, muß schaffen und streben, muß jagen und ... – und die Frau guckt zu?

Messner:
Nein, die Frau guckt nicht zu. Im Gegenteil, sie hat ja das Management einer Familie übernommen. Diese Verantwortung ist mindestens so groß wie die meine. Es wäre bei uns auch dumm, wenn wir es umdrehen

würden. Obwohl Sabine Textildesignerin ist, müßte sie wahrscheinlich das Mehrfache an Arbeitseinsatz leisten, um zu dem Einkommen zu kommen, das ich mit meiner Lieblingsbeschäftigung erwirtschafte. Es ist so wie in archaischen Zeiten. Der bessere Läufer läuft den wilden Tieren nach. In unserem Fall ich und nicht sie. Wir leben, wie es früher normalerweise der Fall war. Wir halten es so für vernünftig. Diese Arbeitsteilung ist so entstanden, ohne daß wir viel darüber diskutiert haben. Wir haben dann und wann darüber gesprochen, was sie machen wird, wenn die Kinder aus dem Haus sind. Sie wird wieder einer konkreten Arbeit nachgehen. Zur Zeit organisiert sie zwei Haushalte und vieles andere mehr. Das ist gar nicht so einfach. Sie hat einen Haufen Arbeit.

Albus:
Das ist mir schon klar, trotzdem: wenn du das, was du jetzt gerade erzählt hast, Frauen aus der Emanzipationsbewegung erzählen würdest, ich glaube, die würden über dich herfallen.

Messner:
Vielleicht sind diese Frauen alle weniger emanzipiert, als es Sabine ist. Das Problem ist, daß viele Frauen nur damit beschäftigt sind, zu sagen: ‚Wir sind unterjocht, wir sind unterdrückt', statt selbst Verantwortung zu übernehmen. Eine Frau ist emanzipiert, wenn sie eine eigenständige Persönlichkeit ist. Ob sie nun kocht oder die Kinder füttert, oder ob sie eine Firma managt, ist dabei völlig egal. Emanzipation ist eine rein innere Angelegenheit. Für mich ist es kein Unterschied, ob ein Mann oder eine Frau neben mir steht. Ich respektiere beide gleich, je nach Persönlichkeit.

Bei uns ist die Arbeitsteilung nur eine praktische Frage. Es wäre eine Dummheit, ihr den Gelderwerb zu überlassen. Sie ist eine sehr geschickte Mutter.

Albus:
Also für die Kinder ist sie diejenige, die wirklich da ist, als Mutter.

Messner:
Ja. Und es ist richtig so. Im Grunde ist es auch immer so gewesen. Mir kann keine Frau sagen – dabei kann sie hundertmal die Emanzenbibel nachplappern –, daß eine Mutter nicht bei den Kindern sein muß. Wenn eine Frau Kinder haben will, muß sie sie auch wirklich haben. Jahrelang. Sie gebärt sie, sie stillt und ist damit in jedem Fall die erste Bezugsperson. Wenn sie sich einbildet, sie müsse zusätzlich noch die Männer überrunden mit irgendwelchen Arbeitseinsätzen, soll sie es ruhig tun. Die Kinder werden leiden. Es ist nicht so gut, wenn die Mutter dauernd unterwegs ist und weg ist, als wenn der Vater weg ist. Ich glaube, daß die Emanzipation bei uns weit überzogen worden ist. Sicher, die Frau soll gleichwertig sein bis ins kleinste Detail. Der Meinung war ich immer. Die Frau soll in die Wirtschaft gehen, in der Politik arbeiten, überall die gleichen Chancen haben. Aber eine Mutter, die drei kleine Kinder hat und Ministerin werden will, muß sich schon überlegen, wie sie das alles schaukelt. Eine englische Königin aber, die ihre Kinder nur eine halbe Stunde lang am Tag sieht, ist für mich kein Vorbild.

Albus:
Wie definierst du deine Vaterrolle, die du ja auch spielen mußt? Ich habe dich schon oft über deine Kinder erzählen hören, und dabei ist mir richtig warm ums Herz geworden.

Messner:
Ich spiele keine Vaterrolle, ich mag die Kinder gern. Das ist alles. Bei mir können die Kinder tun und lassen, was sie wollen. Sie wissen das auch. Die erste Instanz ist bei uns die Mutter: Was Mama sagt, ist wahr, Befehl, Gesetz.

Albus:
... also hat sie die eindeutige Autorität bei den Kindern. Aber, wie definierst du dich als Vater? Ich will jetzt keine genaue Definition von ‚Vater' haben, sondern fragen: ‚Was heißt für dich, die zeitlich vorübergehende Vaterrolle zu spielen?' Der Vater ist wichtig für die Kinder.

Messner:
Ich wiederhole: ich spiele keine Vaterrolle. Ich bin der Vater. Ich spiele generell keine Rollen. Ich bin einfach da, wenn ich Zeit habe. Ich fühle mich wirtschaftlich verantwortlich für meine Familie. Ich fühle mich auch für den seelischen und geistigen Entwicklungsprozeß der Kinder mitverantwortlich. Und ich bemühe mich, den Kindern ein paar Grundsätze beizubringen, aber nicht als Regeln, nur einfach so; alles zu hinterfragen, nichts blind anzunehmen. Das Zusammenleben erleben sie am Beispiel. Mit Magdalena führe ich schon religiöse Gespräche. Wir diskutieren und reden miteinander. Ich behandle meine Kinder

wie Erwachsene. Noch tragen sie keine Verantwortung und müssen nicht arbeiten. Magdalena steht selber auf, wenn sie in die Schule muß. Sollte Sabine einmal verschlafen, weckt sie ihre Mutter. Es ist noch nie passiert, daß Magdalena nicht rechtzeitig aufgewacht wäre.

Albus:
Und wie reagieren die Kinder auf deine langen Abwesenheiten oder auf deine Risikofreude?

Messner:
Die Risikofreude merken sie nicht. Sie sehen ja konkret nicht, was ich mache. Meine Grenzgänge finden sie ganz lustig. Sie fragen dann höchstens: ‚Was wäre passiert, wenn der Eisbär dich wirklich gefressen hätte?' ‚Dann wäre ich tot', sage ich. Sie nicken. Als wäre es für sie selbstverständlich. Kinder denken viel rationaler, als wir denken. Wenn ich länger weg bin, wissen sie das natürlich lange vorher. Dann fragen sie schon mal zwischendurch: ‚Wann kommst du wieder?' Umgekehrt bin ich über lange Zeitspannen da. Im Grunde bin ich nicht mehr weg als ein normaler Familienvater, der im Baugewerbe oder in der Bank arbeitet. Dieser kommt vielleicht für ein paar Stunden nach Hause, für die Nacht, und ist dann wieder weg. Ich bin monatelang zu Hause und monatelang weg. Ich lebe also einen anderen Rhythmus. Ob die Kinder damit gut zurechtkommen, das wird man erst sehen, wenn sie älter sind. Ich selber bin nur Teil dieser Familie. Ich bin weder das Oberhaupt noch nebensächlich. Wichtig ist mir auch mein Leben, und ich habe zufällig das Glück, daß ich auch den Gelderwerb mit Freude betreibe. Ich würde mein Leben fast ganz

gleich führen, wenn ich weder Kinder noch Gelderwerb zu verantworten hätte.

Albus:
Können dich eigentlich die Kinder und die Liebe zu deiner Frau abhalten davon, irgendein Risiko einzugehen?

Messner:
Eher nicht. Ich werde mein Leben weiterführen. Bisher hat es das Problem nicht gegeben. Ich habe immer alles versucht, was ich wollte, weder Kinder noch Frau haben mir etwas verboten. Ich werde mich weiterhin bemühen, daß ich das, was ich gerne tue, auch machen kann. Wenn ich mein Leben einschränken würde nur der Kinder wegen oder wegen meiner Frau, dann wäre ich nicht mehr ich. Ich wäre dann auch nicht mehr ausstehbar. Ich wäre ein anderer, eine Marionette. Wer dauernd darunter leidet, daß sie/er nicht mehr ihr/sein Leben führen kann, weil sie/er zwei Kinder daheim hat, wird als Mutter oder als Vater unbrauchbar.

Albus:
Was den Menschen noch trägt, sagt man heute immer mehr, es ist aber von der Ideologie zerfressen, ist die Heimat. Mit der Problematik hast du dich ja herumgeschlagen in alle Richtungen, die denkbar sind. Es interessiert mich, wie du Heimat verstehst? Aber zuvor will ich dich fragen, ob du überhaupt der Überzeugung bist, daß es so etwas wie Heimat geben muß?

Messner:

Ja, im weitesten Sinne des Wortes brauchen wir Heimat. Ich komme nochmals auf die Familie zurück: Da habe ich meinen wärmsten Platz, eine Art Nest, Heimat. Aber sie muß nicht unbedingt die Basis des Lebens sein. Ja, die Kinder sind das Zentrum meines Lebens. Um sie herum baue ich unsere Heimat. Wenn im Sommer Ferien sind, gehen wir nach Juval, um Ostern nach Sulden, wo wir eine winterfeste Hütte haben, weil die Kinder jetzt gerne Skifahren. Auf Expeditionen gehe ich in den Monaten – wenn es irgendwie zu regeln ist –, in denen ich ihnen am wenigsten Zeit wegnehme, also wenn sie in der Schule sind. Die Kinder diktieren also meinen Tagesablauf mit, meinen Jahresablauf und den Rhythmus meiner Reisen.

Heimat ist etwas, was ich mir immer wieder erarbeitet habe. Und nur insofern stehe ich zu diesem Wert. Im Moment ist Heimat für mich hier auf Juval. Dieser Hügel ist mein Heimatplatz.

Ursprünglich ist Heimat definiert worden als das Heim, der Hof, die Hofstelle. Dort, wo man aufgewachsen war und blieb, war Heimat. Wo man alle Leute, jeden Baum kennt, ist Heimat. Bei mir geht das Heimatverständnis weiter. Ich habe es mir immer wieder erworben. Ich habe hier auf Juval jeden Strauch, jeden Felsen kennengelernt. Ich habe diesen Platz zum Teil umgestaltet. Dort, wo er nach meinem Schönheitsempfinden nicht richtig war. Dabei ist ein starkes Heimatgefühl entstanden. Trotzdem werde ich auch diesen Platz verlassen. Vor allem, weil mir als Gestalter eine überwuchernde Bürokratie keinen Spielraum läßt. Ich hänge stark an Juval, wenn ich aber nicht gestalten kann, muß ich gehen. Wenn ich nicht ergänzen, beleben, umgestalten kann, muß ich meine Plätze wieder verlassen. Vielleicht gestalte ich später irgendwo anders.

Juval ist der dritte Platz, wo ich gelebt habe. Ich habe auf der Gschmagenhart-Alm gewohnt; in St. Magdalena, im Villnöß-Tal; jetzt wohne ich hier. Im Grunde aber wohne ich inzwischen schon zehn Monate des Jahres in Meran, bei meiner Frau. Mir fällt es leicht, wegzugehen und irgendwo anders wieder anzufangen. Mein Vater konnte überhaupt nicht loslassen. Er hat Villnöß nie mehr verlassen. Wenn er einmal irgendwo war, blieb er. Es ist aber nicht gesagt, daß dieses Bleiben das richtige Heimatgefühl schafft.

Kein Wert wurde so sehr verbraucht und mißbraucht in diesem Jahrhundert wie der Begriff ‚Heimat'. Vor allem von den Nazis, und wir Südtiroler hätten in ihrem Windschatten beinahe unsere vielbesungene Heimat verloren. Fürchterlich und schändlich klingt mir das Lied der selbsternannten ‚Heimatschützer'.

Albus:
Aber du suchst doch nach Heimat?

Messner:
Heimat ist für mich keine romantische Angelegenheit. Ich suche nicht, ich habe Heimat. Ich habe immer wieder Heimat gehabt. Heimat heißt in meinem Fall: Südtirol und der Ort, wo meine Familie und meine Kinder sind. Da ist immer wieder dieser Platz, wo das Gefühl von Heimat aufkommt. Wenn ich mit meinen Kindern über die Wiesen gehe und weiß, daß alle wissen ‚Da wohnen wir jetzt', haben wir ein gemeinsames Heimatgefühl. Aber es kann morgen an einem anderen

Platz entstehen. Heimat kann ich sogar im Gefängnis haben, wenn ich mich dort wohl fühle. Ein Mörder, der damit einverstanden ist, daß er eingesperrt gehört, weil er verurteilt ist, der sich damit abgefunden hat, der sich mit seinem Platz arrangiert und mit den Mitinsassen, kann sogar im Gefängnis eine Art Heimatgefühl entwickeln. Mehr vielleicht als ein von Bürokraten und Ideologen gegängelter ‚Held der Heimat', der bei jedem Dorffest den Tanzbären spielt.

Albus:
Also ist für dich das Villnöß-Tal deine Heimat nicht?

Messner:
Im Villnöß-Tal war ich lange Zeit zu Hause. Genau vierzig Jahre lang. Heute bin ich dort nicht mehr zu Hause. Wenn ich hineinfahre in dieses enge Dolomitental, macht sich in mir ein tristes Gefühl breit. Eine Art Antiheimatgefühl. Aber nicht wegen der Tatsache, daß ich dort zu Hause war. Auch nicht der Landschaft wegen. St. Magdalena zum Beispiel ist ein sehr schöner Platz. Ich habe den Hügel gern gehabt. Jetzt habe ich ein distanziertes Gefühl zu St. Magdalena, zu diesem Tal. Es ist nicht mehr mein Tal. Also bin ich mehr einer, der in ein Tal, in einen Platz, in ein Heim, in einen Hof hineinwächst, als einer, der dort festgenagelt bleibt. Für mich heißt Heimat in erster Linie: gemeinsam in die Zukunft gestalten; nicht Sehnsucht nach Verlorenem. Mit meinen nächsten Freunden und Familienangehörigen und Mitarbeitern und Tieren in Harmonie zu leben und mich wohlzufühlen ist Heimat. Dabei nach vorne zu schauen und zu gestalten gehört dazu. Wesentlich! Diese Einstellung ist vielleicht näher am Nomadentum als am Seß-

haften-Dasein. Solange ich gestalte, bin ich ganz da; wenn ich nicht mehr gestalte, könnte ich wieder weiterziehen. Und ich werde noch einmal weiterziehen. Mindestens einmal noch.

Albus:
Welchen Stellenwert hat Freundschaft in deinem Leben? Es gibt ja Leute, die sagen: ‚Wie kann dieser Mensch wirklich Freundschaft haben, wenn er dauernd weg ist und gar keine Zeit hat, Freundschaften zu pflegen?' Du selber sagst ja auch, daß du wirklich nur ganz wenige gute Freunde hast. Jetzt erzähl mal, was Freundschaft für dich bedeutet.

Messner:
Freundschaft ist ein inniges Gefühl zu einem anderen Menschen. Kein Liebesverhältnis, sondern ein Vertrauensverhältnis, in dem auch ein Gleichrhythmusgefühl vorhanden sein kann. Wenn ein Mensch ganz anders denkt, die Welt anders sieht als ich, muß er nicht mein Freund werden. Er wird es wahrscheinlich auch nicht.

Meine Zeit war und ist begrenzt. Trotzdem: ich hatte und habe ein paar gute Freunde. Gute Freundschaften nun hängen in erster Linie von der Zeit ab, die man einander widmet. Zeit, die ich dem anderen gebe und die er mir gibt, bedeutet bei Freundschaften auch Vertrauen, gegenseitige Bereicherung. Bei einer Freundschaft zu einer Frau ist es anders. Früher oder später wird aus der Freundschaft eine Liebesbeziehung. Mindestens ich bin so veranlagt.

Ich bin völlig zufrieden mit meinen Freundschaften. Mehr brauche ich nicht. Ich habe ein paar Männerfreundschaften, also Freundschaften mit Männern, und kenne die dazugehörigen Frauen. Ich glaube auch niemandem, der sagt: ‚Gott und die Welt, das ganze Land, sind meine Freunde.' Das ist nicht möglich. Jeder kann ein paar Freunde haben, viele nicht. Leute, die herumziehen und überall mit ihren Freundschaften angeben, ‚Der ist mein Freund, und die ist meine Freundin', haben nichts als tausend und mehr Sehnsüchte. Denn Geschwätz nützt nicht gegen Alleinsein, Einsamkeit und Heimatlosigkeit.

Albus:
Was sagst du zu den Menschen, die wider Willen, es sind inzwischen achtzehn Millionen, auf der Flucht sind und keine Heimat haben?

Messner:
Es ist sehr schwierig, ‚Heimatlosen' eine Heimat zu schenken. Sie ist leider nicht zu haben wie ein Stück Brot. Viele sind heute gezwungen, sich einen neuen Platz zu suchen und zu gestalten. Und die Völkerwanderung des einundzwanzigsten Jahrhunderts wird zahlenmäßig die größte Völkerwanderung werden, die es je gegeben hat. Wir sollten uns darauf vorbereiten und werden irgendeine Lösung finden müssen. Alle diese Menschen, die Hunger, ethnische oder religiöse Spannungen zwingen, irgendwo wegzugehen, um einen neuen Platz zu finden, dürfen nicht ausgesperrt bleiben. Allerdings sind wir nicht gut beraten, wenn wir sie alle bei uns in Europa aufnehmen. Wir haben keinen Platz mehr. Wir haben zu wenig Arbeitsplätze. Wir haben im weitesten Sinne des Wortes keinen Raum mehr. Also werden Raumsuchende hier bei uns nur unglücklich. Sie können hier auf Dauer nicht glücklich werden. Also sollten wir alles dafür tun,

daß die Ausgegrenzten dort, wo sie sind, oder dort, wo noch Platz ist, ein Auskommen finden und sich verwurzeln können.

Ich bin ein verwurzelter Südtiroler. Aber das Wort ‚Heimat', das ich in Südtirol nicht gerne in den Mund nehme, habe ich nicht gepachtet für mich und meinesgleichen. Ein Heimatrecht haben alle, die Mitverantwortung übernehmen für dieses Land.

Albus:
Das sehen in Südtirol viele aber anders.

Messner:
Ja, es ist hier auch besonders schwierig, weil zwei Nationalgefühle das Heimatrecht manipulieren. Aus geschichtlichen Gründen ist es verständlich. Aber es ist schwierig, mit anzusehen, wie eine der anderen Gruppe das Heimatrecht verweigert. Trotzdem: Wenn ich nicht gezwungen werde, werde ich nicht aus diesem Land weggehen. Ich fühle mich hier wohl, obwohl ich wegen meines Einsatzes für die Doppelkultur und das Heimatrecht für alle Schwierigkeiten erlebt habe, die es sonst nur in faschistischen Systemen gibt.

Albus:
Was trägt dich eigentlich? Was gibt dir Sinn?

Messner:
Das Tun, das Engagement, das Sinnstiften trägt mich. Das ist doch klar, daß wir selbst Sinn stiften. Vielleicht nicht allein. Ich meine damit, daß auch die Kinder eine Stütze sind, die Frau, der Freundeskreis. Die Kinder sind nicht nur Zentrum, sie sind lebendiger Sinn meines Daseins. Die Kinder habe ich ja nicht

nur gezeugt. Das Zusammengehörigkeitsgefühl geht weit darüber hinaus. Ansonsten könnte ein Mann ja relativ schnell wieder verschwinden. Die Bindung des Vaters zum Kind geht weiter, als die Verantwortung reicht. Es ist jedenfalls eine starke Bindung. Zum Glück!

Wahrscheinlich ist alles, was ich dazu sage, banal. Ich will dabei auch nicht beurteilen. Ich spüre das nur instinktiv. Meine Wahrheiten sind alles nur instinktive und subjektive Wahrheiten. Ich habe keine allgemeine Wahrheit anzubieten.

Was mich darüber hinaus trägt, sind meine Tagträume. Die Pläne, die Projekte, die ich jetzt und morgen verwirklichen will, sind ein Sinn-Momentum für mich. Nicht das, was ich gemacht habe.

Burg Juval trägt noch ein bißchen. Und zwar nur, weil sie noch nicht fertig ist. Aber ich spüre, daß Juval nicht mehr viel Energie braucht. So viel Energie, wie ich hineinstecken muß, kommt als Sinn heraus. Das heißt: Die Energie, die ich aufwenden werde, um etwas zu erreichen, um etwas zu machen, um etwas zu gestalten, fließt mir umgewandelt als eine Art Sinn wieder zu. Schöpferische Kraft weckt Begeisterung, gibt Lebensfreude, stiftet Sinn. Was mich jeweils trägt, ist also das, was ich heute mache oder morgen machen will; nie das, was ich erreicht habe. Alles Geleistete gehört zu meiner Biographie. Mehr nicht.

Albus:
Gibt es eigentlich eine vorstellbare Situation, oder hast du solche Situationen schon erlebt, in denen du nicht mehr leben wolltest? Hast du schon einmal an Selbstmord gedacht?

Messner:
Am äußersten Rande ja. Ab und zu einmal sage ich sogar laut, auch vor den Kindern: ‚Ich erschieße mich', oder ‚Ich habe die Nase voll'. Die Kinder lachen nur. Das Leben ist für sie nur logisch. Kinder sollen ruhig wissen, daß auch der Selbstmord eine Möglichkeit ist. Sie sollen aber auch merken, daß es immer eine Lösung, ein Weiter, eine Hoffnung gibt.

Albus:
Also hast du richtig Freude am Leben?

Messner:
Ich habe mehr und mehr Freude am Leben. Und dies, obwohl ich älter, begrenzter und ungeschickter werde.

Albus:
Wir sind einige Male in unserem Gespräch auf große Probleme gestoßen. Eines davon war die Frage nach der Zukunft der Umwelt. Du redest sehr viel von der unberührten Natur, daß Lebensräume bewahrt werden müssen – du tust natürlich auch etwas dafür –, aber du hast während deiner Unternehmungen auch unberührte Gegenden betreten und anderen dadurch Appetit gemacht, auch dahin zu gehen.

Messner:
Die sogenannte unberührte Natur ist die am wenigsten gefährdete Welt. Ich bin der Meinung, daß die Umweltdiskussion in diesem Punkt im Moment völlig an den Tatsachen vorbeigeführt wird. Auch von den Umweltorganisationen, wie Greenpeace, WWF und so weiter. Ich habe nichts dagegen, wenn Umweltschützer nach Mururoa fahren und dort gegen

Atomversuche protestieren. Wenn sie dann aber am Rande der Wildnis – dem Eismeer, den Gebirgen, Wüsten – sagen: ‚Diese Wüsten sind von den Fußgängern versaut worden, also Marschbefehl zurück in die Städte', kann ich nur lachen. Zum Beispiel schreibt der „Spiegel" – ich zitiere: „Der Everest ist der höchste Müllhaufen der Welt." Dabei zitiert er mich. Diese Aussage habe ich vor bald zwanzig Jahren irgendwo gemacht und meinte damals: ‚Bergsteiger, aufgepaßt: Der Everest wird dreckig, seien wir also vorsichtig mit unserem Müll.' Es war damals eine erste Warnung. Heute benützt der „Spiegel" diesen Satz, um vor der eigentlichen Müllproblematik, jener vor der eigenen Haustür, die auch vor der Redakteurstür liegt, abzulenken. Was denkt der Leser? ‚Fürchterlich, der Everest ist eine Müllhalde!' Aber Hamburg ist sauber. Also schmeißt er sein Glas zum Fenster hinaus und fährt mit dem großen Auto zur Arbeit. ‚Es ist zwar Scheiße, daß der Everest zum Müllberg wird, aber wir haben ja eine funktionierende Entsorgung.'

Wenn jemand am Everest unterwegs ist, kann er, ob er will oder nicht, nicht so viel Müll produzieren beziehungsweise so viel Umwelt verschmutzen, als wenn er in Hamburg vorsichtig und vernünftig lebt. Die großen Umweltprobleme entstehen in den Ballungszentren und nicht in der Wildnis. Ballungszentren bedeutet: Verkehr, Lärm, Überfluß, Heizen. Die eine Hälfte der Energie verbrauchen wir nur, um Wärme und Kälte auszugleichen. Damit es ein bißchen angenehmer für uns wird, zerstören wir sukzessive die Welt. Im Norden wird geheizt, im Süden wird gekühlt. Die andere Hälfte verbrauchen wir, um völlig Unnützes zu produzieren, für den Verkehr, den leeren Schwerverkehr vor allem. Das sind – abgesehen von den nicht beherrschbaren Technologien: Atomenergie zum Beispiel – die großen Umweltprobleme.

Albus:
In Südtirol gibt es große Verunstaltungen durch Elektrizitätswerke.

Messner:
Bei Wasserkraft sollten wir vorsichtig sein. Wasserkraft ist relativ sauber, wie Sonnenenergie. Auch sie birgt Gefahren in sich: die Austrocknung von Tal-Gebieten; durch Erdbeben könnten ganze Siedlungsketten berührt sein; schlimme Folgen haben oft auch Unwetter. Aber die Staudämme bergen nicht so große Gefahren in sich wie Öl- oder Kohleverbrennung. Um Energie zu produzieren, müssen Eingriffe gemacht werden. E-Werke, Windräder, Solarzellen, Atom-Kraftwerke. Die Diskussion um verantwortbar oder nicht muß vorsichtig geführt werden. Ich werde stutzig, wenn ich sehe, daß Umweltschützer gegen jedes Wasserkraftwerk vorgehen. Auch ich bin gegen Atomkraftwerke, aber wir alle verbrauchen Strom. Irgendwie müssen wir eine Lösung finden. Ähnlich ist es mit dem Tourismus. Ich ärgere mich, wenn Umweltschützer, zu denen ich mich auch zähle, fürchterlich über den Tourismusverkehr in den Alpen schimpfen, umgekehrt aber nicht begreifen wollen, daß der Schwerverkehr das größte Problem geworden ist. Sicher, wir alle müssen umdenken. Aber die Umweltproblematik ist nur global und mit realistischen Ansatzpunkten lösbar. Ich bin gegen Luftschlösser und gegen jedes populistische Geschwätz, woher immer es kommt. Ich habe mich in den letzten fünf Jahren mehr und mehr aus der Umweltdiskussion zurückge-

zogen. Ich habe sogar ein Angebot abgelehnt, im Rahmen des ‚Olivo' für die italienische Kammer zu kandidieren. Ich bin kein Politiker. Ich betreibe hier auf Juval einen Biohof. Und ich möchte diesen Biohof so führen, daß er auch wirtschaftlich tragbar ist. Sonst zählt er nicht und nicht unser Einsatz. Sonst lachen mich die Bauern zu Recht aus.

Auch den Weinhof auf Juval machen wir so sauber wie möglich. Ganz ohne Chemie werden wir es dort nicht schaffen, aber mit dem absoluten Minimum.

Ich werde jetzt meinen jüngsten Plan, den Yak-Hof in Sulden am Ortler, konkretisieren. Dort habe ich so viel Land, daß wir eine Yak-Almwirtschaft aufbauen können. Dort oben unter den Gletschern möchte ich ein alternatives Alpenrind züchten und sehen, ob es möglich ist, nicht mehr beweidete Hänge zu retten, abzuweiden, was für die Bearbeitung mit der Hand zu teuer geworden ist. Diese Tiere könnten später überall in den Alpen verbreitet werden. Diese kleinen, winzigen Versuche – abseits aller EU-Projekte und Subventionsflüsse – bringen mehr als alles Gerede über die kaputten Alpen. Die offiziellen Alpenschützer treffen sich immer wieder in großen Gruppen und reden und reden, und heraus kommt wenig oder nichts. Vor Monaten habe ich beim Umwelttag in München gesprochen, vor hundert und -zig Umweltgruppen. Wieviel Orientierungslosigkeit, wieviel Selbstgefälligkeit! Mir sind die Haare zu Berge gestanden vor lauter hochtrabenden Ideen. Allerdings, sie konnten nicht organisiert, nicht definiert werden. Dazu alle diese Widersprüche! Der einzige, der seine Vorschläge einigermaßen verständlich vorgebracht hat – der Umweltminister von Bayern, Herr Goppel –, wurde ausgepfiffen. Mir hat seine Position gut gefallen. Aber die anderen haben ihn niedergepfiffen, weil das ‚schick' war. Aus Populismus also. Sind auch die Umweltschützer Populisten geworden, frage ich mich. Ich kann mit Populismus nichts anfangen. Ich will widersprechen, ja; besser sein als die Verschmutzer, ja; ich will vor allem zeigen können, wie es geht. Wie es nicht geht, weiß der Rest der Welt.

Albus:
Es gibt natürlich auch viel Unglaubwürdigkeit bei den Umweltpolitikern, die Unglaubwürdigkeit macht eine ganze Menge kaputt. Du hältst also nichts von den großen Reden, sondern konzentrierst dich auf Nahräume, in denen du etwas tun kannst. Aber mit dem Auto fährst du auch viel.

Messner:
Ja, ich fahre Auto. Ich habe sogar einen Opelvertrag, bin sogar von der Autoindustrie gesponsert. Seit dem Südpol fahre ich ein Firmenauto. Trotzdem fordere ich bei Diskussionen – mit der Führungsspitze im Fernsehen – immer wieder das ‚saubere' Auto. Die Zukunft muß das Wenigverbrauchauto sein. Wenn wir beim Durchschnittsauto auf einen Verbrauch von drei Litern kommen und die Leute bereit sind, ein langsameres Auto zu fahren, haben wir mehr erreicht als mit allen sterilen Ideologiedebatten. Vielleicht schaffen wir das H_2O-Auto. Wir können nicht von heute auf morgen aus der mobilen Gesellschaft, die wir geworden sind, aussteigen. Wir können nicht mehr alle zu Fuß gehen. Das ist praktisch nicht möglich, und damit ist eine autofreie Welt nicht realistisch. Was nicht denkbar ist, fordert mich nicht heraus. Der Verkehrstod würde die Wirtschaft zudem lahmlegen. Viele

würden verhungern. Diejenigen, die über das Auto schimpfen, aber indirekt mit und vom Auto leben, sind auch nicht glaubwürdig. Sie verstehen oft nur die Zusammenhänge nicht. Es muß nicht sein, daß wir ein Auto fahren, das fünfzehn Liter für hundert Kilometer verbraucht. Inzwischen sind wir technisch in der Lage, Verbrauch und Giftausstoß zu drosseln. Das ist ein Weg. Auch der Wassermotor könnte kommen. Aber Vorsicht: Ich glaube den Schwätzern nicht, die sagen: ‚Die Autoindustrie verhindert den Wassermotor.' Nur was man noch nicht bauen kann, gibt es nicht. Heute ist die Wirtschaft weltweit so verzahnt, so schnellebig und so konkurrenzbetont, daß derjenige, der das Wasserauto baut und auch noch bezahlbar macht, sofort den Weltmarkt beherrscht.

Albus:
Eine andere Geschichte, die mir Sorgen macht, ist die Technologieverliebtheit, die Technologiebesessenheit. Wie gehst du mit der Technik um?

Messner:
Als Skeptiker bin ich allem gegenüber skeptisch, auch der Technik. Ich bin aber kein Technikgegner. Ich kann leider keinen Computer bedienen. Magdalena, meine Tochter, sagt, ich sei zu dumm dazu. Sie – acht Jahre alt – kann es. Auch Simon – fünf Jahre alt – spielt damit. Er kann nicht lesen, aber er kann mit dem Computer spielen. Beide, meine Kinder also, bedienen, begrenzt, den Computer. Wir haben ihnen einen geschenkt, vorerst zum Spielen. Die Kunst dabei wird sein, ihn zu nutzen, ohne sich benutzen zu lassen, ohne in Abhängigkeiten zu geraten. Kinder müssen auch normal, überschlägig im Kopf, rechnen können.

Sonst verlieren sie früher oder später die Relationen. Ich muß also rechnen können, dann erst kann ich auch vom Computer rechnen lassen; ich muß denken können, dann erst kann ich auch vom Computer in Serie denken lassen. Kreativ muß der Mensch sein, der Computer ist es nicht. Kreativ sein hat auch mit Passion zu tun, die Geräten und Maschinen fehlt. Also muß ich selbst einmal gelernt haben, in eine Geschichte einzutauchen, bevor ich sie dem Computer anvertraue.

Mit dem Fernsehen ist es ähnlich. Die Fernsehwelt ist in vielen Kinderstuben die bestimmende Welt. Bei uns nicht. Ich sehe relativ wenig fern, sehe dort fern, wo ich zufällig bin: Nachrichten, ab und zu einen Film. Mich interessiert die ferne Welt relativ wenig. Mich interessiert das nächste. Am Nordpol das Eis; in Tibet die Nomaden; in Juval die Kinder. Wir leiden mehr an Informationsüberflutung als an Informationsmangel. Und noch etwas: Erfahrungen aus erster Hand werden Konjunktur bekommen. Wenn ich daran denke, daß ich in den letzten Jahren auf dem Gebiet der ehemaligen DDR Vorträge gehalten habe mit zwei-, dreitausend Besuchern, bin ich beruhigt. Nicht weil der Erfolg auf der Bühne im Wachsen und der Fernseherfolg im Sinken begriffen ist. Weil die Menschen so nahe wie möglich an die Quelle wollen, wenn sie Erfahrungen konsumieren. Sie wollen Informationen von den Akteuren selbst bekommen und nicht aus der dritten, vierten Hand.

Albus:
Ich halte es für eine titanische Geschichte, was heute im Bereich der Computertechnologie passiert. Da werden in der Zwischenzeit mehr sogenannte Informatio-

nen gespeichert, als je ein Mensch zeit seines Lebens darüber verfügen kann. Das ist ein Irrsinn und ein Wahnsinn, finde ich. Die Gefahr für die Kinder vor allem, wenn nicht bestimmte Sperren eingebaut werden, besteht darin, daß sie in einer virtuellen Welt aufwachsen. Mir sagen Kinderpsychotherapeuten im Zusammenhang mit dem unmäßigen Fernsehkonsum von Kindern, daß zwei auffällige Fehlentwicklungen zu beobachten sind bei Kindern, die zuviel fernsehen: Sie nehmen die Zeit nicht mehr richtig wahr, und sie können die Wirklichkeit nicht mehr von der Unwirklichkeit unterscheiden.

Messner:
Das alles kann ich mir gut vorstellen. Die Kunst liegt nun wohl darin, daß ich diese virtuelle Welt akzeptiere – sie ist nun einmal da – und trotzdem unabhängig von ihr bleiben kann. Ein Kind, das nichts von dieser virtuellen Welt erfährt, lebt nicht in der heutigen Zeit. Das Virtuelle sollte eine Erweiterung des Weltbildes sein und nicht das einzige. Es gibt kein richtiges oder falsches Weltbild, aber ein kleines Plus zum alten Weltbild können wir vertragen. Es gab einst auch keine Schrift. Sie wurde eine wichtige Zugabe. Es gab auch keine Zahlen und damit nicht unsere Möglichkeit, mathematisch zu denken. Wieder eine Zugabe.

Ein Problem sehe ich allerdings von einer anderen Seite auf uns zukommen: Früher oder später wird die Information, die gespeicherte und die täglich auf uns einströmende (e-mail, TV, Presse, Telefon, Fax), unbewältigbar, zu viel. Ich spüre das heute schon. Allein die Chronik der Everest-Besteigungen ist heute kaum noch zu bearbeiten. Weil früher weniger Material vorhanden war, gab es mehr Übersicht. Der Wust von Information, der inzwischen von außen auf mich eindringt, ist so groß, daß ich nur noch sichte, sichte, sichte. Zuletzt weiß ich immer noch nicht, ob ich mit meinen Schwerpunkten richtig ausgewählt habe.

Albus:
Und vor lauter Sichten hast du schließlich keine Sicht, keinen Durchblick mehr.

Messner:
Früher oder später müssen wir uns leider auch dafür entscheiden, einiges an Ideen, Sachen, Informationen einfach wegzutun. Vielleicht kann man in tausend Jahren nicht einmal mehr Bilder lagern oder horten, die Picasso, mein Lieblingsmaler, gemacht hat. Weil wir keinen Platz mehr dafür haben werden. Dabei muß ich mir wieder einmal die Tibeter zum Vorbild nehmen. Diese haben durchschnittlich alle zweihundert Jahre ihre Thankas neu gemalt, Wandmalereien abgeschlagen und erneuert, Tonbhuddas recyclet. Auf diese Weise ist eine grandiose Handwerkskunst lebendig geblieben: Man hat sich immer wieder mit Formen, Farben und Gott beschäftigt, und mit den Bildern ist der Glaube neu an die Wände gekommen.

Was verstaubt, verdreckt, kaputt war, mußte eben erneuert werden. Sogar Bronzeplastiken: Bronzen wurden eingeschmolzen und wieder verehrt. Eine neue Figur – neu geformt, neu gewachsen, neu geboren – als alter Gott. Das ist auch ein Umgang mit der Kunst. Wir sollten ihn diskutieren. Es ist nicht gesagt, daß wir alles, was einmal gesagt ist, alles, was wir produziert haben – und wenn es Kunst ist –, erhalten, horten und horten müssen. Wozu auch? Machen ist viel wichtiger als horten.

Albus:
Auf lange Sicht, wenn man alles zusammennimmt, siehst du die Zukunft der Gattung ‚Mensch' eher düster?

Messner:
Nein, denn ich finde es sehr interessant, die Phase des Untergangs der Menschheit beobachten zu können. Auch im Theater ist ja der Untergang das eigentlich Spannende. Wir haben das Privileg, beobachten zu können, wie die Menschheit sich selber auslöscht. Interessant dabei ist auch, daß wir als einzelne alle wüßten, wie es besser ginge, aber das ‚Bessere' unterlassen. Wir wüßten schon, wie wir uns zu verhalten hätten, aber wozu, wenn alle anderen sich anders verhalten. Wir können das Leben als einzelne und in kleinen Gruppen ganz gut bewältigen. Je größer aber die Haufen werden, die wissen, was richtig ist, um so irrationaler verhält sich der einzelne. Weil aber der Haufen immer größer wird, muß die Menschenzeit in die Katastrophe führen. Wir sind jetzt knapp sechs Milliarden Menschen. Es werden zehn Milliarden werden. Gnade den Letzten!

Ein Beispiel: In Deutschland gibt es ein hohes Umweltbewußtsein. Schon jetzt könnten es die Deutschen – wenn sie ein abgekapseltes Volk wären – schön langsam so weit bringen, daß sie bei allgemeinem vernünftigem Verhalten ökologisch eine Oase bewohnen könnten. Wie teuer das Leben dann dort wäre, ist eine andere Frage. Aber wenn gleichzeitig eine Milliarde Chinesen auf Teufel komm raus ihre Welt ausbeuten, ruinieren, verwüsten, auch um billiger produzieren zu können, werden die Deutschen, ob sie wollen oder nicht, untergehen oder sagen – nicht laut natürlich, sondern in stillschweigender Übereinkunft –, wir konkurrieren. Im Grunde ist Politik und Wirtschaft die Umwelt nicht gleichgültig, aber alle wollen besser, leichter, schneller leben. Die Umwelt wird nicht global als unsere verstanden.

Ich sehe es bei uns: Wenn wir im Frühling die Burg Juval aufmachen, liegen keine Plastiksachen am Wegrand. Einfach deshalb, weil wir im Herbst aufräumen. Nach der ersten Woche liegt wenig. In der zweiten Woche liegt nicht doppelt soviel, sondern ein Vielfaches. Die Verschmutzung steigt in der Potenz. Das heißt, wenn neben dem Weg schon etwas liegt, werfe ich auch etwas hin. Wenn schon viel liegt, schmeiße ich ununterbrochen allen Müll aus dem Autofenster. Wenn einmal alles versaut ist, versauen alle radikal weiter. Nach dem Motto: ‚Da ist ja eh schon ein Müllplatz!' Es ist ganz interessant, wie das Verdrecken der Erde steigt – nicht in der Summe, sondern potentiell. Ist all dies nicht logisch?

Albus:
Macht dir das nicht angst?

Messner:
Nein, das macht mir nicht angst. Ich beobachte, und als Realist freut es mich irgendwie, feststellen zu können, wie dumm wir sind. Tiere haben Instinkte, wir kollektive Verhaltensmuster gegen unseren Menschenverstand. Da ist natürlich wieder Zynismus dabei. Aber zu beobachten, wie sich die Menschheit selber umbringt, ist und bleibt spannend. Unsere Kinder

sind zum Glück hellhörig geworden. Sie sagen anklagend: ‚Die Welt ist verdreckt.' Kleine Kinder sagen das. Ich kenne nicht nur meine, und ich antworte ihnen dann: ‚Ihr habt recht, und euer Leben wird schwieriger sein, als das unsere war.' Weil wir soviel Dreck hinterlassen. Und weil wir zu viele sind und zu verwöhnt und immer mehr wollen. Aber wenn man konkret etwas tun will, erlebt man groteske Dinge: Ich wollte, zum Beispiel, Solarzellen auf ein Häuschen hier in der Nähe montieren. Ich wollte wenigstens die Heizung mit Sonnenenergie betreiben. Ja, ich habe das Häuschen kurze Zeit mit Sonnenenergie betrieben. Der ‚Umweltminister' von Südtirol selbst hat mich gezwungen, die Solarzellen vom Dach zu nehmen. Die Begründung: in Schloßnähe sind Sonnenkollektoren und Ähnliches verboten!

Albus:
Welcher Widersinn!

Messner:
Für selbstfinanzierte Sonnenkollektoren im ‚sonnigen Südtirol' hat man mir mit Prozeß gedroht. Jetzt beheizen wir das Häuschen mit Holz. Das ist billiger für uns, weil wir selbst genügend Holz haben, aber nach meinem Verständnis nicht umweltverträglich genug. Damit will ich sagen: Was an Positivem dem kollektiven Wahnsinn nicht weicht, kapituliert angesichts einer überbordenden Bürokratie und immer kurzsichtigerer Politik.

Albus:
Den Weg, den wir im Gespräch abgeschritten haben, will ich jetzt in Grundfragen zusammenfassen, die

Grundfragen des Menschen überhaupt sind. Auch die Grundfragen jeder Philosophie, die ja nach der alten Auffassung mit dem Staunen anfängt, daß es dieses Leben überhaupt gibt. In diesem Sinne frage ich dich jetzt nach deiner Herkunft. Woher kommst du?

Messner:
I don't know. Ich weiß es nicht. Ich kann nur zurückgreifen bis zu meinen ersten Erinnerungsbildern. Weiter kann und will ich nicht zurück. Ich weiß, daß ich die gesamte Lebensentwicklung in mir trage. Ich war Pflanze, Fisch, Tier. Ich war auch Vogel. Alles das liegt gespeichert in mir. Ich bin überzeugt davon, daß wir aus der Materie herausgewachsen sind, Leben geworden sind. Wie Tierleben geworden ist, über die Einzeller, Meerestiere, bis zu den Säugern, am Ende haben wir uns zum Menschen hochentwickelt. – Ob wir uns gleichzeitig in jeder Hinsicht weiterentwickelt haben, bleibt eine andere Frage. Ich akzeptiere das Tierische gerne an mir. Ich bin gerne ein Mensch, der Tierisches an sich hat. Ich habe auch deshalb nichts gegen das Tierische in mir, weil ich auch ein Liebhaber der Tiere bin. Die meisten Menschen können damit nichts anfangen. Ich hingegen bin ein Mensch, der affenartige Verhaltensmuster zeigt.

Albus:
Fühlst du dich, inmitten des Kosmos, den du beschrieben hast, nicht auch manchmal einsam und verloren?

Messner:
Nur relativ selten. Einsamkeit ist für mich kein großes Problem. Am wenigsten fühle ich mich einsam und verloren, wenn ich mit einigen Einheimischen

oder mit einigen Freunden irgendwo am Ende der Welt in der Wildnis bin. Ausgesetzt bin ich eingebettet. Dabei fühle ich mich nie verloren. Wenn ich jetzt allein – vielleicht auch noch traurig, mit Liebeskummer – in einer großen Stadt wäre, könnte Verlorensein vorkommen. Aber dieses Gefühl habe ich – leider, oder zum Glück – seit langer Zeit nicht mehr erfahren. Ich sage deshalb gleichzeitig ‚leider' und ‚zum Glück', weil Erfahren-Können auch eine Form von Glück ist.

Albus:
Empfindest du dich als ein Produkt des Zufalls?

Messner:
Ja und nein. Ich glaube nicht, daß jeder meiner Schritte vorausbestimmt und gelenkt ist von außen. Ich wünsche mir das auch nicht. Trotzdem bin ich überzeugt davon, daß mein Leben nur so gelebt werden konnte und mußte. Die Gesetzmäßigkeit dahinter kann ich aber nicht aufklären. Würde ich jetzt wieder zurückgehen in mein fünftes Lebensjahr und neu anfangen können, ich würde vermutlich einen ähnlichen Weg gehen. Wir sind unser eigenes Schicksal, Entkommen ist nicht eingeplant.

Sollte ich meinen Unfall vom vergangenen Jahr erzählen, würde jeder sagen: ‚Das ist nicht möglich.'

Wir waren also an einem heiligen Berg in Sibirien. Alle vier, die wir zusammen auf diesen Berg stiegen, haben dabei oder anschließend dramatische Einschnitte erlebt. Sabine hat sich oben unter dem Gipfel das Knie ausgerenkt, so schlimm, daß sie heute noch Schmerzen hat. Unsere zwei Begleiter hat es seelisch getroffen. Ich bin unmittelbar nachher von der Außenmauer in Juval gefallen.

Aber auch dieser Mauerfall war nicht zufällig. Wir waren eine Woche früher nach Hause gefahren. Wir hätten also am Tag des Mauersturzes gar nicht dasein können, wenn die Sibirienreise vorher normal verlaufen wäre. Wir wollten zudem an diesem Abend nicht zum Essen gehen. Jemand hat uns mit einem Trick zum Abendessen gelockt. Er hat mich angerufen und gesagt: ‚Heute abend ist ein Freund von dir bei uns, mit seiner Familie, und er wünscht sich, daß ihr dazustoßt.' Besagten Freund hat er auch angerufen und gesagt: ‚Heute abend ist der Messner bei uns zum Abendessen, und er wünscht sich, daß du dazukommst.' So sind wir um sieben Uhr abends bei diesem Wirt gelandet. Mit den kleinen Kindern, aber wir sind nicht lange geblieben. Wir kamen nach Hause, und das Schloßtor, das im Sommer, wenn wir da sind, nicht gesperrt wird, war an diesem Tag zu: verriegelt. Als wir weggegangen waren, hatten wir nicht abgesperrt, keinen Schlüssel mitgenommen und dachten, bei der Heimkehr wäre offen. Es war aber nicht offen. In dem Vorhäuschen, wo eine Art Castellan wohnt, ist für den Notfall ein Schlüssel. Da ging ich also hin. Auch dort war kein Schlüssel. Der Bruder des Castellans hatte ihn benützt, schlief im Ostturm und hatte, ohne von unseren Gewohnheiten zu wissen, von innen abgesperrt. Wir konnten ihn nicht erreichen, weil es dort keine Glocke gibt und wir ihn über die Mauer schreiend nicht wekken konnten. Aber es gab ja noch mein Patenkind, Markus, der damals bei uns beim ‚Schloßwirt' kochte. Auch er hatte einen Schlüssel. Ich sagte zu Sabine und den Kindern: ‚Ist kein Problem, ich fahre schnell runter.' Sie standen zwar im Regen, aber warteten. Als ich beim ‚Schloßwirt' ankam, war Markus nicht da. Er war fünf Minuten vorher weggegangen, weil sich ein

Freund von ihm in einer fremden Küche die Füße verbrannt hatte. Jetzt war ich endgültig ohne Schlüssel. Als ich unterwegs war, zurück zum Schloßtor, dachte ich mir, ich steige über die Mauer; gehe also nicht mehr hinauf zum Eingang. Die leichteste Stelle einzusteigen, ist hinten. Dort war ich oft schon rübergestiegen, früher beim Renovieren, allerdings immer nur untertags. Ich habe nicht daran gedacht, daß ich nachts, sollte ich fallen, die Knie nicht abbiegen kann, weil ich im Dunkeln nicht reagieren kann. Hinauf kam ich gut. Innen, beim Abstieg, rutschte ich aus, weil ich ein Loch in der Mauer nicht sah. Ich wußte zwar, da mußte irgendwo für den Fuß ein Loch sein, in dem einst ein Balken gesteckt hatte, genau dort mußte ich den rechten Fuß reinstecken, und dann war es leichter. Das Loch aber fand ich nicht sofort. Es war an der schwierigsten Stelle. Plötzlich rutschte ich mit der Hand ab – es war naß und die Griffe nur winzig –, die Folgen waren verheerend: Fersenbeintrümmerbruch. Wenn ich das Loch gefunden hätte, wäre ich im Nu unten gewesen. Ich war zwar von der Wand weg ins Dunkel gesprungen, aber mit einem Fuß voraus aufgekommen. Das hat die Ferse gekostet.

Hat mich eine ganze Kette von unglückseligen Zufällen in diesen Unfall getrieben? Oder war es nur ein Zufall? Oder ist es das, was andere Schicksal nennen? Ich weiß es nicht. Ich lebe mit der Tatsache meiner Invalidität, aber ich zweifle natürlich, ob es nicht doch so etwas gibt wie eine Bestimmung. Von wem diktiert, will ich weiter nicht wissen. Ich werde es nie wissen.

Albus:
Ich habe den Eindruck, du bist ein ziemlicher Realist.

Messner:
Ich bemühe mich, ein Realist zu sein. Und trotzdem komme ich von diesem *Aber* nicht weg. Also doch eine Art Aberglaube. Ich bleibe auch nach dem Unfall Realist, aber trotzdem frage ich: ‚Warum diese ganze Kette?'

Albus:
Ein fragender Realist?

Messner:
Ja.

Albus:
Was steckt hinter deinen Suchbewegungen, hinter deinen Grenzgängen, hinter deinen Versuchen, den Raum der Welt sich immer wieder zu erweitern, neue Räume zu gewinnen? Was steckt dahinter?

Messner:
Neugierde. Ich bin neugierig und gesegnet mit Energie. Dank meiner Mutter.

Albus:
Neugierig auf was?

Messner:
Neugierig auf Außen und Innen, Groß und Klein, Oben und Unten. Zu erfahren, selber zu sehen, selber zu wissen, zu spüren, wie die Welt und die Menschen in mir wirken, hat mich immerzu angetrieben. Und neugierig bin ich immer noch.

Albus:
Wenn du dich selbst beschreiben müßtest, konzentriert und viele Erfahrungen zusammenfassend, wer bist du?

Messner:
Ich bin ein neugieriger Mensch, nicht ganz seßhaft und getrieben von dieser romantischen Neugierde des Realutopisten. Ich bin voller Fehler, eingeengt von Begrenzungen und finde meine Lebensfreude am ehesten im Tun. Wenn ich im Unterwegssein keine Ausflüchte mehr finde, habe ich den Sinn erfaßt. Ich bin einer, der sich ganz mit einer Sache identifizieren kann, und mache, was mir gefällt. Am liebsten am Ende der Welt. Dort gibt es keine Ausflüchte. Deswegen suche ich immer wieder diese strenge Form des Unterwegsseins. Wenn ich bis zur letzten Konsequenz gefordert bin, bin ich am besten. Vielleicht ist das auch der Grund, warum ich mir so schwierige Ziele stecke. Immer nur momentane Ziele. Hinterher bedeuten sie nichts mehr. Aber während des Unterwegsseins zwingen sie mir eine Konsequenz auf, die ich sonst nicht aufbrächte.

Albus:
Kann ich sagen, daß da eine Kraft in dir ist, die einfach aus dir heraus will?

Messner:
Auch. Ich bin ein kreativer Mensch, ein gestaltender Mensch. Ich kann leider nicht malen, ich kann nicht singen, und ich kann nicht dichten. Das einzige, was ich einigermaßen kann, ist: Ideen in die Tat umsetzen und mit der Sprache ausdrücken, was sich dabei getan

hat. Auch das Gesamtkunstwerk Juval war eine solche Möglichkeit.

Albus:
Wohin willst du letztlich?

Messner:
Ich habe kein Ziel, in das ich einlaufen will. Ich möchte ein weiser, alter Mann werden. Ich hoffe, es zu schaffen. Das kann man nicht wollen. Man wird es. Die Hoffnung, anspruchslos, ruhig, ausgeglichen zu sein, heißt für mich, anerkannt zu haben, daß ich nicht weiter kommen kann. Ich möchte mich auch damit zufriedengeben können, daß die Neugierde nicht befriedigt werden muß. Ich weiß schon, daß sie dann versiegt. Ich muß es nicht nochmals wissen.

Ob ich es vielleicht doch noch einmal schaffe, hinter den nächsten Horizont zu schauen? Ich habe zwar kein konkretes Ziel, aber Tagträume. Nein, ich will nicht Manager irgendeiner Firma werden; ich will nicht Kunstwerke machen; ich will nicht eine Karriereleiter hochsteigen; ich will nicht reicher werden; ich will nicht berühmter werden. Es reicht mir. Ich will auch nicht einen noch größeren Berg besteigen, eine noch größere Wüste durchqueren, ein noch gefährlicheres Abenteuer bestehen. Ich möchte nur zufrieden bleiben, mit einem unerschöpflichen Zeitmaß leben. Nicht, daß die Zeit unendlich lang werden soll, nur breiter. Die Tage könnten langsamer vonstatten gehen als heute. Je mehr ich einteile, um so schmaler wird die Zeit. In meinem Empfinden geht sie dann schneller vorbei. Je weniger ich einteile, um so mehr Zeit habe ich zur Verfügung. Auch wenn es am Ende die gleichen Daten gewesen sein sollten. Daten aber kümmern mich relativ wenig. Ich werde mir gegen all die überflüssige Information das archaische Zeitmaß des Einsiedlers eintauschen.

Albus:
Ist die Vorstellung nicht schrecklich, daß deine Lebensfreude, das dauernde Suchen nach Neuem, mit dem Tod einmal in sich zusammenbricht?

Messner:
Mit dem Tod geht meine Welt unter. Sollte sie in einem anderen Bewußtsein, das mich einschließt, weiterbestehen, dann wird es wieder spannend werden. Ich glaube nicht, daß der Mensch mit seinem menschlichen Bewußtsein sich nochmals als der empfindet, der er war. Im buddhistischen Sinne geht unser Leben in irgendeiner Form weiter. Wenn auch nur ein Atom von uns in einer Pflanze weiterlebt, ist das auch so. Leben geht immer weiter. In diesem Sinne könnte das Leben ewig weitergehen. Die Erde wird sich wieder säubern von diesen fürchterlichen Parasiten, die ein paar hunderttausend Jahre lang auf ihr herumgekrochen sind. Und es wird wieder ein anderes bestimmendes Lebewesen geben. Und es wird wieder viele neue Lebewesen geben. Wie lange das alles dauert, ist eine sekundäre Frage. Es kann auch sein, daß der ganze Kosmos in sich zusammenfällt, weil ihn nichts mehr auseinanderhält.

Albus:
Meinst du, daß das Leben in deinen Kindern ein Stück weitergeht?

Messner:
Nein. Das Leben meiner Kinder ist ein anderes Dasein. Ihr Leben berührt das meine, mehr nicht.

Albus:
Aber sie haben doch bestimmte Grundprägungen von dir empfangen.

Messner:
Ja, aber deswegen geht mein Leben nicht in ihnen weiter. Ich jedenfalls empfinde es nicht so. Das, was die Kinder von mir mitbekommen, von den Genen her mitbekommen, ist bei sechs Milliarden Menschen in etwa gleich. Die Gene sind auch die des Urgroßvaters und die der anderen Vorfahren. Was ich ihnen mitgebe an Lebenserfahrung und Weisheit, ist wichtiger. Das Wesentliche aber ist ihre Lebensfähigkeit. Was sie selber aus ihrem Leben machen, zählt. Ich bin der Meinung, daß jede Generation die Welt neu für sich entdecken muß. Auch wenn vieles schon da ist, wir können es immer wieder neu entdecken. Das Leben leben heißt: uns und den Kosmos entdecken. Das, was ich vorgelebt habe, zählt für die nächste Generation kaum. Deswegen sage ich auch: Meine Kinder müssen ihren eigenen Weg finden. Ich wünsche mir nicht, daß sie auch nur annäherungsweise meinen Spuren folgen. Meine Spuren würden sie falsche Wege weisen. Es ist in unserem Fall sogar gefährlich, wenn ein Kind versuchen würde, dem Vater zu folgen. Etwas Ähnliches wie ich zu machen – mit gleich hohen Ansprüchen an sich –, würde heute ein viel höheres Risiko bedeuten, als es für mich gewesen ist. Dazu käme immerzu die Belastung, an mir gemessen zu werden. Das ist nicht der Weg der ‚Erleuchtung'.

Ich lasse im Leben meiner Kinder alles offen. Ich forciere keine bestimmte Richtung. Ich lebe nur ein paar Erkenntnisse vor, die mir für das praktische Meistern des Lebens wichtig erscheinen.

Im übrigen bin ich überzeugt davon, daß es auch in zwanzig Jahren die Kinder sein werden, die mir die ‚weißen Flecken auf der Landkarte' aufführen. Wie heute schon.